Bertold Ulsamer

DER **APFEL**-FAKTOR

BERTOLD ULSAMER

# DER APFEL-
# FAKTOR

### Wie die Familie, aus der wir kommen, beruflichen Erfolg beeinflusst

Mit Illustrationen von
Martin Brosch

KÖSEL

Verlagsgruppe Random House FSC-DEU-0100
Das für dieses Buch verwendete FSC-zertifizierte Papier
*Munken Premium Cream* liefert Arctic Paper Munkedals AB, Schweden.

Copyright © 2009 Kösel-Verlag, München,
in der Verlagsgruppe Random House GmbH
Umschlag: Kaselow Design, München
Umschlagmotiv: Peter Butschkow/Baaske Cartoons
Druck und Bindung: GGP Media GmbH, Pößneck
Printed in Germany
ISBN 978-3-466-30795-1


www.koesel.de

*Gewidmet*

*meiner Frau und Kollegin Gabriele*

# Inhalt

# Beruflicher Erfolg und Familie sind ineinander verwoben

»Wer aufsteigen will, muss durch Persönlichkeit überzeugen.« Dieser Satz steht in einem Spiegel-Artikel vom Jahre 2002, der sich mit dem Erfolg im Berufsleben auseinandersetzt. In vielen Spalten erörtert Michael Schmidt-Klingenberg die Bedeutung und die Notwendigkeit von Fähigkeiten wie Eigenmotivation und Sozialkompetenz. Erst auf der allerletzten Seite wird eine ernüchternde Studie des Soziologen Michael Hartmann erwähnt, der die Lebensläufe von 6500 promovierten Wirtschaftswissenschaftlern, Juristen und Ingenieuren untersucht hat. Darin zeigt sich: Immer noch ist die entscheidende Frage für den Aufstieg in Führungspositionen der Beruf der Eltern und damit die soziale Herkunft. 80 Prozent der Führungskräfte kommen nach wie vor aus dem gehobenen Bürgertum, überwiegend sogar aus dem Großbürgertum. Ohne den passenden sozialen Hintergrund stimmt es laut Hartmann mit der »Chemie« und mit der »Wellenlänge« nicht. Die Souveränität für den erfolgreichen Auftritt fehlt bei dem Aufsteiger mit dem falschen Elternhaus. Diese Verbindung zwischen beruflichem Erfolg und der Kinderstube leuchtet ein. Wer dem beruflichen Erfolg in der Familie schon als Kleinkind begegnet ist, hat klare

Vorteile. Ein passender familiärer Hintergrund ist Voraussetzung für die Karriere.

Erfolg hat also eine ganze Menge mit der Familie zu tun. Die Sozialisation, insbesondere die Erziehungsstile und ihr Einfluss auf das spätere Leben, sind schon seit Langem in der Psychologie Forschungsgegenstand. Doch die Zusammenhänge zwischen beruflichem Erfolg und Misserfolg reichen weit über solch unmittelbar einleuchtende Ergebnisse hinaus. Inzwischen gibt es eine Vielzahl von Erkenntnissen, wie stark die Herkunftsfamilie prägt und beeinflusst. Gleichzeitig sind diese Einflüsse dem Einzelnen meist nicht bewusst. Was jemand sozusagen mit der Muttermilch aufgenommen hat, stellt er kaum mehr infrage.

Dieses Buch soll den Leserinnen und Lesern Einsichten, Anregungen und Ideen geben, welche möglichen Zusammenhänge sie bisher möglicherweise übersehen haben. Darüber hinaus zeigt es den Weg auf, innere Hindernisse aufzulösen, ja sie sogar in Ressourcen umzuwandeln.

Wer insgesamt zufrieden ist mit seinen beruflichen Leistungen, wer sein Potenzial ausschöpft, wer mit Mitarbeitern und Vorgesetzten gut zurechtkommt und auch ansonsten in seiner Arbeit relativ entspannt und stressfrei lebt, der mag dieses Buch lesen, um andere, weniger Glückliche, besser zu verstehen. Wem das aber nicht so reibungslos gelingt, wer immer wieder auf innere Barrieren stößt, die sich ihm in den Weg stellen, ohne dass er sie versteht, der mag unmittelbaren Gewinn aus den folgenden Kapiteln ziehen.

## Was ist beruflicher Erfolg?

Ist beruflich erfolgreich, wer in der Eckkneipe als Kellnerin bedient? Ist beruflich erfolgreich, wer als Sozialarbeiter Obdachlose betreut? Ist beruflich erfolgreich, wer in einem internationalen Unternehmen Finanzvorstand ist? Spontan werden viele beim Finanzvorstand bejahen. Bei der Kellnerin und beim Sozialarbeiter werden die Meinungen sich teilen. Die Antwort hier hängt von den persönlichen Bewertungen der Urteilenden ab.

Wie das häufige »Ja« beim Finanzvorstand zeigt, existieren weitverbreitete gesellschaftliche Maßstäbe, wonach Erfolg sich bemisst. Die einfachste Richtschnur ist das Einkommen. Je mehr Wert eine Arbeit hat, desto mehr Geld wird dafür bezahlt. Wer also viel Geld bekommt, ist sich automatisch sicher, eine besonders wertvolle Arbeit zu leisten. Und wer eine wertvolle Arbeit leistet, muss doch auch ein wertvoller Mensch sein! Und schon fühlt sich jemand erfolgreich. Das ist mit ein Grund, warum Politiker und Manager ständig versuchen – jenseits eines Inflationsausgleichs oder einer kleinen regelmäßigen Steigerung –, ihre Einkommen zu erhöhen. Sie machen sich dadurch wertvoller. Was ist mit demjenigen, der eine Arbeit leistet, für die wenig bezahlt wird? Sein Beitrag wird von der Gesellschaft weniger geschätzt. Er muss sich andere Maßstäbe suchen, um sich als wertvolles Mitglied der Gesellschaft zu fühlen.

Dem verwandt ist der Maßstab von Karriere und Aufstieg. Je höher man steigt, desto größer wird der Einfluss oder Spielraum. Wenn eine solche Führungskraft etwas sagt, haben viele andere auf sie zu hören. Sie kommt auf der Beförderungsleiter immer weiter voran und gewinnt mit jeder Hierarchiestufe mehr an Autorität und Bedeutung. So läuft das schon auf dem Hühnerhof mit seiner Hackordnung oder im Wolfrudel mit dem Leitwolf. Das ist ein alter, auch biologisch verankerter Maßstab. Der Platz an der Spitze wie beim Finanzvorstand gilt als Beweis besonderer Qualitäten. Bei der Partnerwahl – einem der wichtigsten menschlichen Themen – spielt die Suche nach solchen Qualitäten eine große Rolle. Es ist genetisch einprogrammiert und kommt noch aus den Zeiten, als die Frauen des Stammes mehr an dem Kraftvollen mit den guten Augen an der Spitze interessiert waren als am einfühlsamen, beerensuchenden Hinkebein in der Nachhut.

Vor diesem soziobiologischen Hintergrund überraschen dann auch nicht die Ergebnisse einer Befragung der Frauenzeitschrift Brigitte von März 2007 (nicht 1907 wohlgemerkt!): 65 % der Frauen finden es bei einem Mann wichtiger, dass er gut ist im Job als gut im Bett. Wer höher steht, ist also erfolgreicher.

Schließlich gibt es noch eine allgemeine gesellschaftliche Anerkennung bestimmter Berufe, das »Sozialprestige«. Danach ist man besser Arzt als Straßenkehrer. Ein Professor ist z. B. ein besonders anerkannter Beruf, unabhängig vom tatsächlichen Einkommen. Ein solcher Beruf oder auch nur der Titel hebt einen hervor und schmeichelt. Wer also beruflichen Erfolg sucht, der wird seinen Erfolg oder seinen Misserfolg meist nach diesen Maßstäben (mit-)bestimmen.

Dann hat jeder Beruf noch eine andere Seite, die ich hier den »inneren Erfolg« nenne. Dieser Erfolg hat vor allem mit Entspannung und Zufriedenheit zu tun. Jemand leistet seine Arbeit gern, sie erfüllt ihn und macht ihn zufrieden. Hierzu passt der etwas abgegriffene Begriff der »Selbstverwirklichung«. Jemand zeigt mit seiner Arbeit, welches Potential in ihm steckt. Dann liebt die Ärztin ihren Beruf, weil sie gerne Kranken hilft und sie die Fähigkeit hat, gute Diagnosen zu stellen. Den Sozialarbeiter macht jeder kleine Erfolg zufrieden, den seine Obdachlosen erzielen, und er hat das Gefühl, eine nützliche und kostbare Arbeit zu leisten. Je angestrengter und angespannter hingegen jemand ist, desto weniger wird ihn auf Dauer das Erreichte befriedigen. Etwas Wesentliches scheint immer zu fehlen.

Innerer Erfolg hängt nicht unbedingt vom äußeren ab und der äußere Erfolg bringt nicht automatisch Zufriedenheit und Glück. Die oberste Chefin kann genauso gefrustet und gestresst sein wie ihre Mitarbeiter, die sie um ihren Status beneiden. Da mag ein Börsenmakler in Millionen schwimmen, ohne deshalb zufrieden zu sein. Bei vielen jedoch hängen äußerer und innerer Erfolg ein Stück weit zusammen. Wer seine Arbeit mag und gerne etwas leistet, der bekommt eher Anerkennung. Als weitere Folge wird er z. B. befördert und kann sich mit seinen ganzen Fähigkeiten einbringen. Die wachsende Verantwortung und Entscheidungsfreiheit befriedigen ihn gleichzeitig immer mehr.

Umgekehrt gilt aber auch: Wer unzufrieden ist, leistet oft weniger. Er erhält keine Anerkennung, sondern stattdessen Rügen und Ermahnungen. Ein Teufelskreis setzt ein: Die Frustration steigt und schwächt seinen Arbeitseinsatz. Entsprechend sind die Reaktionen, die er erntet.

Dann gibt es noch die – leider! – seltene Spezies der »Lebenskünstler«. Auch wenn diese Sorte rar ist, so lässt sie sich doch überall finden. Da mag jemand an der Kasse eines Supermarkts sein Geld verdienen und ist gleichzeitig entspannt und zufrieden. Ein Lebenskünstler braucht keinen oder wenig äußeren Erfolg für seine Zufriedenheit. Da stand vor mehr als 2000 Jahren der Welteroberer Alexander vor dem griechischen Philosophen Diogenes, von dem später die Sage ging, dass er in einer Tonne lebte. Weil Alexander von dessen innerem Frieden so beeindruckt war, wollte er ihm schenken, was er nur konnte. Er fragte Diogenes nach seinen Wünschen. »Geh mir aus der Sonne«, war die Antwort. So klein sind die Wünsche von Lebenskünstlern ...

# Du bist erfolgreich,
## wenn Du nur wirklich willst!

Jeder ist seines Glückes Schmied? Aber natürlich! Wer sich genügend anstrengt, wird Erfolg haben! Diese Überzeugung ist in unserer Gesellschaft so selbstverständlich und grundlegend, dass sie nur selten wirklich infrage gestellt wird. Unbestritten kann der Glaube, dass alles in der eigenen Hand liegt, zum enormen Ansporn werden, alle verfügbaren Kräfte zu mobilisieren, um für das eigene Glück und den eigenen Erfolg zu kämpfen. Denn der Glaube versetzt Berge!

Hervorragendes Beispiel dafür ist die amerikanische Gesellschaft, die das Recht, das eigene Glück zu suchen, »the pursuit of happiness«, sogar in ihrer Verfassung verankert hat. Dieses Versprechen zog in den vergangenen Jahrhunderten unzählige Auswanderer an. Sie ließen ihre Vergangenheit, die meist von Armut und Not geprägt war, hinter sich und konzentrierten sich darauf, sich und die eigenen Kinder in die amerikanische Gesellschaft zu integrieren und dort aufzusteigen. Und dieses Modell hat viele Erfolgsmeldungen zu verzeichnen.

Allerdings hat diese Überzeugung eine dunkle Rückseite. Umgekehrt gilt dann nämlich: Wer scheitert, ist auch dafür verantwortlich. Er hat sich nicht genügend eingesetzt, war zu faul, unwillig oder rebellisch. Ihm geschieht recht! Das demoralisiert. Die allein erziehende Mutter, die als Empfängerin von Hartz IV nur mühsam finanziell über die Runden kommt, muss nicht nur mit der Tatsache des Geldmangels zurechtkommen. Sie darf sich auch noch schuldig fühlen, dass sie es nicht, wie viele andere, geschafft hat. Sie ist ja selbst an ihrer Misere schuld.

Das erinnert an die Zeiten, als sich in esoterischen Kreisen die Idee verbreitete, dass Krebskranke für ihre Krankheit verantwortlich seien. Sie würden nämlich ihre Gefühle unterdrücken und bekämen nur deshalb Krebs. Diese Idee belastete den Kranken zusätzlich. Nicht genug, dass er krank war. Nein, es war sein eigener Fehler. Die Krankheit war sozusagen die Strafe dafür. Wie wenig gesundheitsfördernd derartige Überzeugungen sind, liegt auf der Hand. Gleichzeitig entlasten diese Vorstellungen all diejenigen, denen es gut geht. Sie brauchen kein schlechtes Gewissen zu haben, dass es ihnen so viel besser als manch anderem geht. Denn jeder andere könnte ja genauso wie sie. Wenn er nur wollte ...

Solche simplen Ursache-Wirkung-Erklärungen werden der Realität nicht gerecht. Das gilt auch für den beruflichen Erfolg. Die Wirklichkeit ist weitaus komplexer und vielschichtiger. Wer sich um den eigenen beruflichen Erfolg bemüht, klammert dabei das Thema Herkunftsfamilie meist aus. Familie ist zu persönlich und zu privat. Sie scheint als unabänderliche Gegebenheit und Ausgangslage nicht in den professionellen Kontext zu gehören. Gleichzeitig hat die Familie doch gravierende Auswirkungen auf den beruflichen Bereich. Ihr Einfluss reicht weit, auch wenn er meist ausgeblendet, ignoriert oder fatalistisch akzeptiert wird.

Etwas davon will dieses Buch vermitteln. Das, was in den nächsten Kapiteln zu finden ist, sind nicht die endgültigen Erkenntnisse, die alles erklären und mit denen alles in den Griff zu bekommen ist. Aber es zeigt etwas von den vielfältigen Beziehungen, die bisher oft unbeachtet geblieben sind.

## Der Apfel-Faktor

»Der Apfel fällt nicht weit vom Stamm.« Das klingt altbacken und überholt. Das durfte einem die Oma am Ofen früher erzählen, als die Zeiten noch anders waren. Heute ist doch jeder frei und hat alle Möglichkeiten!

Dieser Glaube ist falsch. Es gibt den »Apfel-Faktor«, der nach wie vor wesentliche Entwicklungen des Einzelnen bestimmt. Äpfel können von Tieren und Menschen weit vom Ursprungsbaum weggetragen werden. Manchmal fallen die Äpfel in einen Fluss und werden erst viele Kilometer später wieder an Land geschwemmt. Keiner mag von ihrem Ursprung wissen. Und doch bleiben sie dem Baum, auf dem sie gewachsen sind, verbunden. Sie sind und bleiben ihm ähnlich.

Auch Menschen entfernen sich oft räumlich oder innerlich von der Familie, aus der sie kommen und der sie entstammen. Sie mögen ihren Stammbaum nicht kennen, vergessen haben oder ihn verdrängen. Aber sie bleiben viel mehr von ihm geprägt, als ihnen bewusst ist. Was ich den Apfel-Faktor nenne, ist aber noch mehr als eine bloße genetische Prägung. Es gibt eine tiefe unbewusste Loyalität von Kindern zu ihrer Familie. Diese Loyalität nimmt Einfluss auf alle wichtigen Entscheidungen im Leben, ja bestimmt sogar viel von der Art der eigenen Lebensführung.

Dieses Buch hat zum Thema den beruflichen Erfolg und in welch unterschiedlicher Weise ihn die Herkunftsfamilie beeinflusst. Dabei geht es nicht nur um eine Bestandsaufnahme. So manche grundlegende Haltung lässt sich noch beeinflussen und ändern. Wer erkennt, was ihn bisher festgehalten und bestimmt hat, löst sich durch die Erkenntnis schon ein Stück davon. Einstellungen sind durch bestimmte Erfahrungen geformt. Durch neue Erfahrungen können sie sich ändern. Neue heilsame Haltungen und Einstellungen werden ausführlich beschrieben.

Immer wieder greife ich in den folgenden Kapiteln auf Erkenntnisse zurück, die ich in meiner Arbeit mit der Methode der »Familienaufstellungen« gewonnen habe. Ich habe damit in Europa, aber auch in den anderen vier Kontinenten gearbeitet und überall ähnliche Verbindungen gefunden. Der Apfel-Faktor gilt genauso in Afrika wie in den USA oder in China. Aufstellungen machen grundlegende und oft unbewusste Verbindungen plastisch. Eine ausführlichere Beschreibung und mehr über die praktische Anwendung findet sich im letzten Kapitel.

Die Beispiele in diesem Buch sind Fällen aus meiner Praxis nachgebildet. Manche der Klienten kamen zu einem Einzelcoaching, andere gingen ihre Probleme in einem Seminar zusammen mit anderen Teilnehmern an. Dabei habe ich Namen und Hintergrundsfakten so verändert, dass die jeweilige Person nicht mehr zu erkennen ist. Falls es doch jemanden mit dem verwendeten Namen gibt und der glaubt, mit seinem Problem beschrieben zu sein, handelt es sich um einen reinen

Zufall! Solche Zufälle zeigen, dass sich Menschen, ihre Probleme und ihre Familien gar nicht so sehr voneinander unterscheiden.

Probleme, ihr familiärer Hintergrund und ihre Lösungen sind nicht eindimensional, sondern haben viele Seiten. Für das jeweilige Kapitel habe ich einen besonders relevanten Aspekt herausgegriffen. In der praktischen Arbeit überschneidet sich vieles, was hier im Buch getrennt ist.

# Die Selbstsabotage des eigenen Erfolgs

Wer Freude an seinem Beruf hat, der strengt sich gern an, alles zu tun, um den ersehnten Erfolg zu erzielen. Die meisten Berufsanfänger und Berufsanfängerinnen stehen dann vor den Fragen: Wie erreiche ich diesen Erfolg? Werden meine Begabungen genügen? Und – darüber hinaus – habe ich das nötige Quäntchen Glück?

Doch die eigenen Bemühungen sind bisweilen nur eine Seite. Wer sich genauer unter Kolleginnen und Kollegen umschaut, entdeckt auch Widersprüche. Da gibt es den einen, der trotz unstrittig vorhandener Fähigkeiten nicht die entsprechenden Resultate erzielt. Irgendetwas läuft immer wieder schief. Ein anderer bringt streckenweise einen enormen Einsatz, tritt mächtig aufs Gas – und blockiert sich doch gleichzeitig an anderer Stelle. Als ob er eine geheime Handbremse angezogen hätte. Die bremst – da kann der Motor noch so laut heulen. Oder man entdeckt an sich selbst Reaktionen und Verhaltensweisen, angestrebte Ziele eher zu verhindern statt sie zu fördern.

Woher kommt das? Hat da jemand selbstzerstörerische Neigungen? Oder mangelt es im Grunde doch am nötigen Selbstvertrauen? Fehlt vielleicht einfach der erforderliche »Biss«? Wer nur die Oberfläche sieht und untersucht, wird durch die Widersprüche verwirrt. Im Untergrund gibt es aber Gesetzmäßigkeiten, wonach solches Verhalten plötzlich Sinn macht.

Die folgenden Beispiele machen sichtbar, dass ein solches widersprüchliches Verhalten gute Gründe hat. Man braucht nicht nach unverständlichen psychischen Störungen Ausschau halten. Bezieht man den familiären Hintergrund des Verhaltens mit ein, fällt es einem oft wie Schuppen von den Augen. Das Verständnis weitet sich. Das Verhalten folgt inneren Regeln. Das Wissen um diese Regeln war früher intuitiv ein Stück weit da. Der Volksmund hat seine Sprichwörter danach geschaffen. Klassische griechische Tragödien beruhen auf ihnen. Große Dichter haben sie in ihren Romanen erfasst. Heute scheint die Zeit reif, sie klarer und eindeutiger zu formulieren und ans Licht zu bringen.

## Im Karrierestau oder über die Loyalität der Kinder zu den Eltern

*Herr Klaus, Anfang 40, ist leitender Angestellter in einem Chemiekonzern. Schon als BWL-Student waren seine Leistungen herausragend. Von seinen Professoren wurde ihm eine große Zukunft prophezeit. Diese Prognosen haben sich allerdings als falsch erwiesen. Obwohl Herr Klaus früh Förderer in seinem Unternehmen fand, stagniert seine Karriere. Warum genau, ist ihm nicht klar. Manchmal, so drückt er es aus, fühlt er sich wie gelähmt und blockiert.*

Woher kommt diese Lähmung? Wurde Herr Klaus vielleicht überschätzt, sodass sein Potenzial doch nicht für größere Aufgaben ausreicht? Und weil er diesen Mangel erkennt, versucht er sein Gesicht zu wahren, indem er von Lähmung und Blockaden spricht. Oder bräuchte er praktische Unterstützung durch einen Coach, um seine Energie zielgerichtet in seine Arbeit einbringen zu können? Vielleicht fehlt ihm der Ausgleich im Privatleben?

All diese Vermutungen – und viele andere mehr – geben plausible Erklärungen. Solche Ideen tauchen im Alltag wie selbstverständlich auf, um Blockaden zu verstehen.

Dabei möchte ich an dieser Stelle noch einmal etwas Grundlegendes hervorheben! Probleme und Konflikte sind vielschichtig. Sie auf eine einzige Dimension zu beschränken, wird ihnen selten gerecht! Deswegen hätte Herr Klaus eine Vielzahl von Möglichkeiten, seine inneren Blockaden anzugehen. Und die eine oder andere würde ihm vermutlich auch ein Stück weit helfen.

Auf der anderen Seite gibt es manchmal so etwas wie den Kern eines Problems. Wenn der nicht erkannt wird, verpuffen viele Anstrengungen. Der Hebel wird nicht am richtigen Punkt angesetzt. Man dreht sich im Kreis. Das Problem bleibt hartnäckig, mag kurze Zeit verschwinden, kommt aber immer wieder zurück – ohne dass man weiß warum.

In einem solchen Fall – und dieses Buch handelt von solchen Fällen – ist der Blick zum familiären Hintergrund oft so etwas wie eine Offenbarung. Plötzlich wird eine Blockade verständlich. Familie hat eine enorme Kraft und Wirkung, auch wenn das von vielen Beratern und Therapeuten bislang noch nicht in der ganzen Bedeutung erkannt wird.

Wenn es um den Beruf geht, dann ist die familiäre Geschichte der Berufsleben von Bedeutung. »Wie verlief der Berufsweg Ihres Vaters und der Ihrer Mutter?« »Und wie war das bei Ihren Großeltern?« »Welche Unterschiede, welche Gemeinsamkeiten mit Ihrem Berufsweg fallen Ihnen auf?« Wer die berufliche Geschichte seiner Familie betrachtet, findet oft überraschende Ähnlichkeiten in Neigungen, Wahl und Erfolg.

So zeigen sich in der Familie von Herrn Klaus interessante Parallelen. Auch der Vater galt in der Schule als sehr begabt. Die Eltern konnten sich jedoch damals das Gymnasium nicht leisten, deshalb trat der Sohn nach der Volksschule widerwillig eine Schreinerlehre an. Er heiratete früh und bekam in kurzer Folge zwei Kinder. So tat er alles, um den Familienunterhalt zu sichern und wagte es nicht mehr, aus dem ungeliebten Beruf auszubrechen. Gleichzeitig blieb er immer unzufrieden mit seiner Arbeit, ja mit seinem gesamten Leben. Noch heute im Ruhestand klagt der Vater, was alles aus ihm hätte werden können.

Inwieweit kann dieser Hintergrund Einfluss auf den Berufsweg und die langjährige Blockade seines Sohnes haben? Schon länger werden in der Psychologie die sogenannten Aufträge in der Familie thematisiert. Da war der sehnlichste Wunsch der Mutter gewesen, Medizin zu studieren. Sie konnte es aber nicht wegen des fehlenden Geldes für Gymnasium und Studium. Die älteste Tochter weiß schon als Kind, dass sie Ärztin werden will. Als Ärztin ist sie aber unglücklich und findet irgendwann heraus, dass sie diesen Beruf eigentlich für die Mutter ergriffen hat, so als ob sie deren Traum für sie verwirklichen könnte.

Andere Aufträge gibt es in Familien, in denen der Beruf oder Betrieb weitervererbt wird. Da hat eine Familie schon seit vielen Generationen einen Bauernhof bewirtschaftet. Früher war es ganz selbstverständlich, dass in der Landwirtschaft der älteste Sohn den Hof des Vaters übernahm und weiterführte. Oder eine andere Familie lebt von ihrem Textilgeschäft. Das wird dann an die Kinder weitergegeben, der berufliche Lebensweg ist damit vorgegeben.

Schließlich gibt es die Familien, die stolz darauf sind, seit Generationen einen bestimmten Beruf auszuüben, sei es Arzt, Pfarrer oder Berufssoldat. Der Einzelne wächst dann schon als Kind ganz selbstverständlich in einen bestimmten Beruf oder eine bestimmte Karrierelaufbahn hinein. Das empfindet und erlebt er oft auch als einen persönlichen Wunsch.

Aber bei Herrn Klaus machen diese Erkenntnisse wenig Sinn, denn er verwirklicht mit seinem Scheitern keinen familiären Traum. Der Traum seines Vaters führte ja genau zu einem solchen Berufsweg, den sein Sohn eingeschlagen hat. Außerdem wünschen im Regelfall Eltern ihren Kindern das Beste. Danach müsste Herrn Klaus Erfolg beschieden sein.

Allerdings gibt es noch ein anderes Phänomen in der Beziehung zwischen Kindern und Eltern, das erst in den letzten Jahrzehnten in seiner ganzen Kraft ans Licht kommt. Ich nenne es den Apfel-Faktor. In der Tiefe sind Familienmitglieder liebevoll verbunden. Diese Verbundenheit wirkt sich aus in einer großen Loyalität der Kinder zu ihrer Familie. Aus dieser unbewussten Loyalität heraus hält es ein Kind schlecht aus, auf Dauer erfolgreicher oder glücklicher zu sein als seine Eltern. Es ist so, als ob ein Kind untreu würde, wenn es den bisherigen Rahmen der Familie verlässt. Es fühlt sich dann schuldig wie eine Art Verräter.

Wer daher auf Dauer erfolgreicher ist als Vater oder Mutter, verliert eine wichtige Verbindung. Der geheime Wunsch, die Verbindung aufrechtzuerhalten, kann manchmal so groß sein, dass jemand sich blockiert, nur um nicht anders zu sein.

Im Werdegang von Herrn Klaus finden sich zwar auf der einen Seite deutliche Unterschiede zu dem Berufsleben seines Vaters. Herr Klaus ist nicht widerwillig Handwerker und Schuster geworden. Stattdessen hat er eine berufliche Aufgabe gefunden, die seinen Neigungen und Fähigkeiten entspricht und die auch gesellschaftliche Anerkennung mit sich bringt – das, wovon sein Vater geträumt hatte. Nach den äußeren Maßstäben ist er trotz seines Karrierestaus erfolgreich. Auf der anderen Seite jedoch erlebt er genau die Gefühle, die seinen Vater dessen ganzes erwachsenes Leben hindurch begleiteten. Er ist unglücklich, fühlt sich ausgebremst und blockiert – genau wie sein Vater.

Die Bewegungen aus Treue zum Vater gehen bei ihm also in zwei unterschiedliche Richtungen. Auf der einen Seite gibt es den Auftrag, möglichst beruflich erfolgreich zu werden, auch um den Traum des Vaters zu erfüllen. Ein Stück weit ist

Herr Klaus in diese Richtung gegangen. Aber dann gibt es noch die versteckte Treue, die ihn daran hindert, es nicht besser als sein Vater zu haben. Deshalb lähmt er sich selbst und blockiert seinen weiteren beruflichen Erfolg. Diese hintergründige Loyalität nimmt er selbst nicht bewusst wahr. Deshalb versteht er seine Blockade nicht.

Im Coaching macht diese Sichtweise jedoch für Herrn Klaus zunächst keinen Sinn. Er hat kein besonders inniges Verhältnis zu seinem Vater. Er schätzt ihn heute, auch wenn er früher immer wieder Schwierigkeiten mit ihm hatte. In der Kindheit war es für ihn eigentlich nie möglich, dem Vater herzlich zu begegnen. »Mein Vater war immer so frustriert, ich konnte überhaupt nicht an ihn herankommen.« In der Pubertät gab es dann die üblichen Ablösungskämpfe.

Dann, nach Beginn seines Studiums, erlebte er, wie stolz sein Vater auf ihn war. Er hatte mehrere gute Gespräche mit ihm und fühlte sich langsam ausgesöhnt. Heute hat er zu ihm ein etwas distanziertes, aber ansonsten freundschaftliches Verhältnis. Da sie weit auseinanderwohnen, sieht er ihn und seine Mutter selten und er vermisst das auch nicht weiter. Er ist ja schon längst erwachsen, von zu Hause abgenabelt, und hat seine eigene Familie.

Soll er sich heute als Erwachsener deshalb etwa selbst blockieren, weil er seinem Vater gegenüber loyal ist? Ihm also sozusagen ins Unglück nachfolgen? Das klingt für ihn weit hergeholt.

Auf der Ebene der Alltagswahrnehmung hat er recht. Aber diese Ebene ist nicht die einzige zwischen Eltern und Kindern. Es gibt eine tiefere Schicht, in der stärkere, manchmal auch vergessene Gefühle wohnen.

Man stelle sich ein neugeborenes Kind vor, das in den ersten Lebenswochen in den Armen der Eltern liegt. Das Kind ist noch ganz und gar offen und schwingt mit jedem Gefühl des Gegenübers mit. Ein Neugeborenes hat noch nicht die Schutzmauern errichtet, mit denen das Kind und der Heranwachsende sich später abgrenzen. Und ein Baby ist sehr liebevoll. So nimmt es alles auf, was es von seinen Eltern und seiner Umwelt her spürt. Wenn es den Menschen, die um ihn herum sind, ähnlich ist, dann gehört es dazu. Wenn deshalb Mutter und Vater unglücklich sind, dann übernimmt das Kind das auch in einem gewissen Maße.

Später legt sich dann durch die Enttäuschungen, die nicht ausbleiben können, eine Schutzschicht über die ursprünglich rückhaltlose Zuneigung. Das Kind verschließt sich ein Stück weit. Darunter leben aber nach wie vor auch die ursprünglichen Gefühle weiter.

Als Herr Klaus anfängt, sich mit diesen für ihn neuen Gedanken zu befassen, entdeckt er langsam auch die andere Seite in sich wieder. Er erinnert sich daran, wie er als Kind bisweilen gelitten hat, weil sein Vater so unglücklich war und er ihm nicht helfen konnte. Er fängt an, Ähnlichkeiten mit seinem Vater zu entdecken, auf die er bis dahin nicht geachtet hate. Er hat das gleiche Interesse für Handball, die gleiche Begabung für Musik und auch die Neigung, die Flinte manchmal vorschnell ins Korn zu werfen. Da gibt es eine viel größere Verbundenheit mit seinem Vater, als ihm vorher klar gewesen war.

Und nun? Herrn Klaus kam zum Coaching, weil er seine Blockaden lösen wollte. Jetzt weiß er, woher sie kommen. Soll er jetzt mit diesem Wissen zufrieden nach Hause gehen und weiter gelähmt sein? Kann er jetzt nur noch fatalistisch aufgeben und sich damit einrichten?

Nun, einen ersten essenziellen Schritt zur Veränderung hat Herr Klaus bereits getan. Er weiß jetzt, warum er sich blockiert, und hat dabei die alte Liebe zu seinem Vater wiederentdeckt. Wer erkennt, was ihn bindet, hat, durch die Erkenntnis bereit, ein Stück Abstand dazugewonnen.

Wie die weiteren Schritte aussehen, um diese Treue in eine Verbindung umzuwandeln, die beruflichen Erfolg möglich macht und fördert, wird nach den folgenden Beispielen am Ende dieses Kapitels beschrieben.

## Betrunken am Arbeitsplatz oder wie Ausgeklammerte vertreten werden

*Herr Reinhard, Mitte 20, kommt zu einem Seminar, weil er, wie er es ausdrückt, »mit seinem selbstzerstörerischen Verhalten aufhören will«. Er war ein strebsamer Schüler gewesen und hatte nach der Mittleren Reife eine Banklehre begonnen. Allerdings hatte er schon früh Schwierigkeiten mit dem Alkohol.*

*Immer wieder schlägt er über die Stränge und weiß nicht, wann für ihn genug ist. Schon seine erste Freundin hat ihn deshalb verlassen. Als er das zweite Mal verkatert und mit Restalkohol früh an seiner Lehrstelle erschien, wird das Verhältnis aufgelöst. Auch eine zweite Lehre muss er aus ähnlichen Gründen abbrechen.*

*»Ich bin wirklich kein Alkoholiker«, sagt er von sich. »Aber irgendwann kommt immer wieder ein Moment, da ist mir plötzlich alles egal. Und dann trinke ich, bis ich nicht mehr kann. Hinterher schäme ich mich dann und mache mir Vorsätze, dass das nie mehr vorkommt.«*

*Inzwischen lebt er von Gelegenheitsjobs und wird noch von seiner Mutter unterstützt.*

Offensichtlich fehlt es Herrn Reinhard an Selbstkontrolle. Denn trotz aller guten Vorsätze schafft er es nicht, Maß zu halten. Ob es ihm helfen würde, wenn er sich einfach noch mehr anstrengt? Vielleicht könnte ihm ein Programm zur Verhaltensänderung lehren, sich besser zu kontrollieren? Verhaltenstherapeuten haben schon viele wirksame Programme entwickelt, die bei der Stärkung der Selbstkontrolle unterstützen.

Wiederum ist es gut möglich, dass ganz unterschiedliche Ansätze Herrn Reinhard bei der Bewältigung seines Problems helfen. Es gibt selten oder nie nur die eine richtige Lösung.

Der Blick auf die Familiengeschichte macht jedoch eine andere Seite des Problems sichtbar. Herr Reinhard ist bei seiner Mutter groß geworden. Mit dem Vater hatte die Mutter nur eine kurze Affäre. Sie trennte sich von ihm schon kurz nach der Geburt des Kindes. »Er war ständig betrunken, und das hielt ich nicht aus«, erzählte sie ihrem Sohn später einmal. »Gott sei Dank hast du keine Ähnlichkeit mit deinem Vater.«

Vom Vater weiß Herr Reinhard wenig, außer dass er jetzt in einer entfernten Großstadt wohnt, verheiratet ist, von Sozialhilfe lebt und immer noch trinkt. Als er 18 Jahre alt war, hat er ihn einmal besucht. Aber Vater und Sohn waren sich fremd und hatten sich nichts zu sagen. Seitdem hat er keinen Kontakt mehr gehabt.

Ein Band der Loyalität wie eben bei Herrn Klaus scheint bei Herrn Reinhard auf den ersten Blick abwegig. Denn vom Vater hält er nichts. »Der hat sein Leben verpfuscht, und er ist selber daran schuld«, ist sein hartes Urteil. Sollte vielleicht etwas in seiner genetischen Ausstattung mit einer Neigung zum Alkohol vom Vater vererbt sein?

Mit seiner allein lebenden Mutter, bei der er immer noch wohnt, hat er dagegen ein sehr enges Verhältnis. »Wir brauchen niemand Dritten, haben wir früher immer gesagt«, erzählt er lachend.

Deutlich wird aus diesen Worten die große Nähe und Verbundenheit zur Mutter. Mehr kann man einem Kind doch eigentlich nicht wünschen. Damit hat Herr Reinhard doch großes Glück! Aber im Verhältnis von Kindern zu ihren Eltern gibt es zwei unterschiedliche Formen von Nähe – eine sinnvolle Nähe, die das Kind fördert, und eine Nähe, die dem Kind eher nicht guttut, weil es dadurch belastet wird.

Was dem Kind guttut, ist das Gefühl von Halt durch seine Eltern. Da gibt es jemand, der aufpasst, es beschützt und für es sorgt. Das Kind kann sich geborgen fühlen im Vertrauen, dass die Eltern als die Verantwortlichen alle bestehenden Probleme schon lösen. Es muss sich keine Sorgen machen und kann entspannen.

Dann gibt es eine Nähe zu Eltern, die dem Kind zwar schmeichelt, es aber auch belastet, ja bisweilen fast erdrückt. Das ist dann, wenn ein Kind zum Vertrauten eines Elternteils gemacht wird. Es wird in dessen Themen und Probleme hineingezogen. Damit wird es überfordert. Besonders schlimm ist es, wenn es damit gleichzeitig zum Verbündeten gegen den anderen Elternteil gemacht wird.

Das ist bei Herrn Reinhard und seiner Mutter der Fall. Die Mutter hat ihren Sohn schon ganz früh auf ihre Seite gezogen. Wenn sie den Vater überhaupt einmal erwähnte, dann voller Verachtung. Von ihrem Sohn erwartete sie ganz selbstverständlich die gleiche Haltung. Wenn die allein erziehende Mutter auf den abwesenden Vater schimpft, dann hat der Sohn keine andere Möglichkeit, als sich parteiisch auf ihre Seite zu stellen.

Kinder lieben aber ursprünglich beide Eltern mit der gleichen Zuneigung. Dabei ist es nicht ausschlaggebend, wie intensiv oder lange der Kontakt mit den Eltern gewesen war. Es gibt ein Band allein schon durch die Elternschaft. So haben Adoptivkinder, die sofort nach der Geburt von den Eltern getrennt wurden, eine große Sehnsucht, ihre leiblichen Eltern kennenzulernen.

Die Konflikte, die Vater und Mutter haben, sind für ein Kind zunächst einmal ohne jede Bedeutung. Das ist die Angelegenheit der Eltern, die diese unter sich regeln sollten, ohne ihr Kind mit hineinzuziehen. Dass das möglich ist, zeigen immer wieder Paare, die sich wegen ihrer Konflikte scheiden lassen und doch als Eltern weiter an einem Strang ziehen.

Herr Reinhard liebt also auch seinen Vater, nicht nur seine Mutter. Der Apfel gehört zum ganzen Stamm. Er steckt allerdings angesichts der Abneigung der Mutter gegen den Vater in einem Zwiespalt. In einer solchen Situation ist die häufige Lösung: an der Oberfläche dem einen gegenüber loyal sein, im Untergrund aber durch das Verhalten dem anderen.

An der Oberfläche ist Herr Reinhard seiner Mutter gegenüber treu. Er steht an ihrer Seite. »Der hat sein Leben verpfuscht, aber er ist selber daran schuld« – dieser Satz, den Herr Reinhard über seinen Vater sagt, ist eigentlich das Urteil der Mutter über den Vater. Die Tatsache, dass er, als er 18 Jahre alt war, den Vater einmal besuchte und sich ihm gegenüber nur fremd fühlte, spricht nicht dagegen. Denn hätte der Sohn damals wirklich Sympathie und Zuneigung für den Vater entdeckt, hätte das die Mutter als Verrat an ihr erlebt.

Aber Herr Reinhard findet eine andere Möglichkeit, auch seinem Vater gegenüber treu zu sein. Der Apfel-Faktor will gelebt werden. Herr Reinhard betrinkt sich immer wieder einmal – genau wie sein Vater. Und genau wie sein Vater zerstört er dadurch seine beruflichen Möglichkeiten. Dass Herr Reinhard von seiner ersten Freundin verlassen wurde, weil sie mit den alkoholischen Exzessen nicht zurechtkam, rundet das Bild nur ab.

Das ist die Loyalität im Untergrund. Durch das Trinken mit all den Folgen bleibt er dem ausgeklammerten Vater ähnlich. So weit hergeholt es im ersten Moment bei Herrn Reinhard erschien – auch sein Trinken ist ein Zeichen der Verbundenheit mit seinem Vater.

Wie bei Herrn Klaus auch ist Abwehr die erste Reaktion von Herrn Reinhard auf die Anregung, diese Möglichkeit in Betracht zu ziehen. Er soll mit dem Vater, den er ablehnt, verbunden sein? Wo ihm die Mutter doch immer versichert hatte, dass er mit seinem Erzeuger keine Ähnlichkeit hätte! Er findet diese Idee absurd.

Das ist auch nicht verwunderlich. Denn solche Gedanken widersprechen allem, was ihm von der Mutter vermittelt wurde. Bevor es ihm deshalb möglich ist, eine eventuelle Zuneigung und Sehnsucht zu spüren, braucht es einen anderen wichtigen Schritt: Er muss sich aus der Rolle als Verbündeter seiner Mutter gegen den Vater lösen. Dazu muss er sich klar werden über die Beziehung, die er zu seiner Mutter hat, über das, was es ihm gibt und über das, was es ihn kostet. Seine Mutter hat ihn allein großgezogen, sie hat ihm ganz viel gegeben. Auch er als das Kind will, dass es ihr gut geht und tut dafür, was er kann.

Er hat bisher eine besondere Rolle in ihrem Leben eingenommen. »Wir brauchen niemand Dritten.« Ein solcher Satz weist darauf hin, dass der Sohn nicht nur die Rolle eines Kindes hat. Das Dritte wäre nämlich ein Mann, ein Partner der Mutter. Eine solche Beziehung würde die Mutter fordern, anders als die Beziehung zu einem Kind. Ein Stück weit hat die Mutter ihn auch als Partnerersatz benutzt. Das macht ein Kind auf der einen Seite stolz. Es fühlt sich ganz besonders groß und wichtig. Auf der anderen Seite spürt es auch, dass es trotz all seiner Bemühungen, den Platz auszufüllen, damit überfordert ist.

Natürlich haben auch Erwachsene Bedürfnisse nach Sicherheit, Geborgenheit und Halt. Eine Partnerschaft trägt dazu bei, sie zu erfüllen. Ein Kind ist kein Partner. Wer ein Kind so behandelt, benutzt und belastet es. Diese Bürde ist anstrengend und nicht gut für ein Kind.

Das nun kann Herr Reinhard gut nachvollziehen. Er erinnert sich, wie bedeutend er sich als kleiner Junge an der Seite seiner Mutter fühlte, vor allem, wenn sie versicherte, er sei so anders als sein schlechter Vater. Gleichzeitig war er ein sehr nervöses Kind, das vor allem Schwierigkeiten hatte einzuschlafen.

Findet er, dass das richtig war, wie seine Mutter sich verhalten hat? Da kommt er sehr ins Nachdenken. Aus diesem Abstand und unter diesem Blickwinkel hat er das noch nie betrachtet. Zwar gefällt es ihm nach wie vor, bei seiner Mutter zu wohnen und von ihr verwöhnt zu werden. Aber manchmal erlebt er es als sehr störend, wie sehr seine Mutter auf ihn angewiesen ist. Und als er seine erste Freundin hatte, konnte sie damit überhaupt nicht umgehen. Aber er möchte seine Mutter auch nicht alleinlassen. Er weiß, wie sie manchmal leidet.

Herr Reinhard liebt seine Mutter, deswegen ist er so um sie besorgt. Gleichzeitig steht er vor der Aufgabe, sein Leben verantwortlich in die Hand zu nehmen. Dazu gehört es, neue Grenzen zu seiner Mutter zu ziehen. Vor allem muss er die Rolle des Bundesgenossen gegenüber seinem Vater an ihrer Seite beenden. Was an Spannungen und Konflikten zwischen seiner Mutter und seinem Vater war, das muss er ihnen als ihre Angelegenheiten lassen. Er stammt von beiden ab und ist nur das Kind von ihnen.

Dazu muss er keine klärenden Gespräche führen, auch wenn die manchmal helfen. Es ist eine neue innere Haltung, die ihn freier macht. Mit dieser neuen Haltung findet er die nächsten Schritte allein, ohne etwas von seiner Zuneigung zu seiner Mutter aufgeben zu müssen. Er kommt so zu einem angemesseneren, entspannteren Verhältnis zu seiner Mutter.

Das ist anfangs für beide nicht leicht, aber nur so wird Herr Reinhard erwachsen. Gleichzeitig kann er von dieser Position aus noch einmal anfangen, die Verbindung und kindliche Zuneigung zu seinem Vater zu suchen. Je mehr er diese findet, desto weniger braucht er den Umweg über das Trinken.

## Die unsichere Unternehmerin oder warum Frauen es schwerer haben

*Frau Burger ist 50 Jahre alt und führt erfolgreich einen mittelständischen Zuliefererbetrieb, den ihr Vater aufgebaut hat. Der Vater starb überraschend vor 20 Jahren an einem Herzinfarkt, worauf sie als ältestes Kind den Betrieb übernahm.*

*Trotz ihres Erfolgs kommt sie innerlich nicht zur Ruhe. Immer wieder hat sie nachts Albträume, in denen sie scheitert und der Betrieb bankrottgeht. In der letzten Zeit häufen sich diese Ängste. Und was sie auch vor sich selbst nur schwer zugeben mag: Insgeheim fühlt sie sich gegenüber Männern in ähnlicher Position unterlegen.*

Es wirkt nach außen hin seltsam, wenn jemand Erfolg hat, den er sich selbst aber nicht zugestehen kann. Frau Burger hat enorm viel geschafft und geleistet. Trotzdem gibt das Erreichte ihr nicht genügend Sicherheit und Selbstvertrauen.

Woher mögen nur ihre Ängste herrühren? Vor ein paar Jahren war das Thema »Hochstaplersyndrom« in der Presse populär. Jemand hat Erfolg, aber gleichzeitig das Gefühl, ihn nicht zu verdienen und deshalb Angst, irgendwann durchschaut und als Hochstapler entlarvt zu werden. Aber selbst wenn diese Beschreibung bei Frau Burger zutreffen sollte – woher kommen diese Ängste? Und wie kann sie sie bewältigen?

Die Beschäftigung mit den Eltern und der Familie erhellt das unverständliche Dunkel. Auf die Frage, wer in ihrer Familie erfolgreich war, sprudelt sie los: »Mein Vater, natürlich! Er ist mein großes Vorbild. Er hat unter schwierigsten Umständen seinen Betrieb aufgebaut. Und trotz der ganzen Arbeit ist er freundlich und herzlich geblieben und hatte immer Zeit für meine Mutter und mich gehabt.« Das Thema Mutter streift sie dann nur kurz. Diese blieb zu Hause im Hintergrund und zog ihre Tochter als Älteste und noch zwei jüngere Geschwister groß.

Bei diesem erfolgreichen Vater müsste die loyale Tochter eigentlich – nach den bisherigen Beispielen – ganz selbstverständlich zu Sicherheit und Selbstvertrauen gelangen. Sie ist jedoch die Tochter und nicht ein Sohn. Das macht die Nachfolge komplizierter.

Ein Kern der menschlichen Identität ist das eigene Geschlecht, ob jemand also männlich oder weiblich ist. Das ist der Ausgangspunkt, um den herum sich die weitere Persönlichkeit entwickelt. Der Sohn schaut also zum Vater, die Tochter zur Mutter. Die Identität als Mann und die Identität als Frau sehen sie dort verkörpert. Diese elementare erste Verbindung erfolgt mit dem Vertreter des gleichen Geschlechts.

Wenn Frau Burger also ihre Identität als Frau sucht, schaut sie zu ihrer Mutter. Hier findet sie ihr Vorbild für Frausein. Ob die Mutter zufrieden war? Auf diese Frage meint Frau Burger zögernd: »Sehr glücklich hat sie nicht gewirkt. Aber so waren nun mal die Zeiten.« Sie hat also einen aktiven, beruflich erfüllten und zufriedenen Vater und eine zurückgezogene Mutter, die sich in ihr Schicksal als Hausfrau und Hüterin der Kinder schickte. Diese Spaltung zwischen Vater und Mutter trägt Frau Burger innerlich mit sich weiter.

Auch wenn sie begeistert von ihrem Vater ist, sie ihm auch als Leiterin des Betriebs nachgefolgt ist, so gibt es doch darunter die unsichtbare Loyalität zu ihrer Mutter. Ihre Albträume sind wie ein Tribut an diese Verbindung. Auf der einen Seite bleibt so Frau Burger als Unternehmerin durch ihre Erfolge dem Vater treu, auf der anderen Seite durch das Gefühl der Inkompetenz im geschäftlichen Bereich gleichzeitig der Mutter. Denn Kinder sind ja stets mit beiden Eltern, mit Vater und Mutter, verbunden.

Am Beispiel von Frau Burger wird eine besondere Schwierigkeit für weibliche Führungskräfte und Unternehmerinnen sichtbar, deren Mütter noch Hausfrauen waren. Es fehlt das berufliche Rollenvorbild in der Familie. Stattdessen gibt es als vorgelebtes Beispiel die Rolle der reinen Hausfrau. Die Söhne haben es einfacher, sie haben im Regelfall einen berufstätigen Vater, aber nicht alle Töchter haben eine berufstätige Mutter.

In einem solchen Fall existiert im Inneren der berufstätigen Frau mitunter ein unbewusstes Dilemma. Es kommt ihr so vor, als gäbe es nur ein Entweder-Oder. Entweder sie entscheidet sich für den beruflichen Erfolg als der männlichen Seite und verzichtet auf die volle Weiblichkeit. Oder sie lehnt die männliche Seite und damit den beruflichen Erfolg ab und entscheidet sich für das Frausein. Aber hier hat sie nur das althergebrachte Rollenmodell vor Augen.

Besonders schwer hat es die Frau, deren Mutter selbst gern berufstätig und erfolgreich gewesen wäre und sich deshalb als bloße Hausfrau und Mutter von Kindern unglücklich fühlte. Die unbewusste Treue, die sich als so wichtig herausstellt, ist gerade die Treue, die sich ein ähnliches Schicksal auferlegt und ein Scheitern oder Unglücklichsein im Berufsleben herausfordert.

Deswegen stellen gerade Übergangszeiten wie heute besondere Anforderungen an den Einzelnen. Es geht darum, die eigene Loyalität anzuerkennen und gleichzeitig den Weg zu einer neuen, selbstverantwortlichen Lebensweise zu finden. Vielleicht hilft Frauen dabei die Vorstellung, dass ihre Töchter es wieder leichter haben, wenn sie selbst zum guten Vorbild von beruflichem Erfolg und Frausein werden.

Die Ängste von Frau Burger führen sie also zu der Frage: Wie kann sie zufrieden Frau sein und gleichzeitig erfolgreiche Unternehmerin? Dazu muss sie sich mehr mit ihrer Mutter aussöhnen. Bislang war ihr großes Vorbild der Vater, für den sie schwärmte. Auf die Mutter blickte sie eher etwas verächtlich herab. Dem Vater fühlte sie sich innerlich nah und verwandt, der Mutter gar nicht.

Erst wenn sie ihre Zuneigung und Liebe zur Mutter wiederfindet, kommt sie aus dem inneren Zwiespalt heraus. Dann kann sie als Kind beide Eltern lieben und von jedem das Beste annehmen.

# Kraft statt Lähmung durch die Eltern

Aus unbewusster Loyalität zu Eltern können Hindernisse entstehen, die beruflichen Erfolg und Zufriedenheit verhindern. Der Apfel-Faktor erschwert manchmal das Leben, lähmt statt zu beflügeln. Wer jedoch tiefer in das Verständnis dieser Loyalität eindringt, macht sich auf den Weg, solche Blockaden umzuwandeln. Aus einstigen Hindernissen können so Kraftquellen für die Zukunft werden. Ausgangspunkt und Ergebnis zugleich sind eine veränderte Sichtweise und neue Haltungen.

Der erste Schritt besteht darin, mehr von der Ähnlichkeit mit einem Elternteil zu entdecken. Erwachsene Kinder sind Eltern meist ähnlicher, als sie es vor sich selbst zugeben wollen.

Wenn jemand erkennt, dass er irgendeine störende Eigenschaft mit einem Elternteil teilt, gibt es eine erste spontane Reaktion: Er oder sie wehrt sich dagegen und will anders sein. Am deutlichsten wird das in der Pubertät. In diesem Alter fangen Kinder an, erwachsen zu werden und sich von den Eltern zu lösen, meist indem sie rebellieren. Mit der Leidenschaft des Heranwachsenden glauben sie vieles besser zu wissen und beurteilen von ihrem absoluten Standpunkt das Verhalten und Leben ihrer Eltern. Und dabei schneiden die Eltern oft schlecht ab. Voller Überzeugung wird geäußert: »So wie ihr mache ich das später mal auf keinen Fall!« »Ich mache es anders und besser als ihr!«

Das ist die passende Haltung in diesem Alter. Es ist eine Mischung aus Trotz und Überheblichkeit – den Lebensjahren angemessen. Diese Haltung scheint notwendig, dass der Jugendliche sich abgrenzt und eigenständiger wird. Gerade in der heutigen Zeit mit der Entwicklung der Technik, dem Internet, den neuen Medien, der Globalisierung kann er sich der Illusion hingeben, ganz und gar von vorne ohne familiären Ballast anzufangen.

Illusion? Ja, weil das Überraschende ist, dass oft auch diese Rebellion eine Tradition der Familie hat. Auch der Vater oder die Mutter haben in ihren jungen Jahren rebelliert und sich vorgenommen, es ganz und gar anders zu machen als die eigenen Eltern. »Ich will nicht so sein wie mein Vater.« »Ich werde es ganz und gar anders machen als meine Mutter.« Gerade mit diesem Widerstand ist die Ähnlichkeit zu Vater und Mutter gegeben. Denn auch der eigene Vater oder die eigene Mutter wollte anders werden als ihr Vater und ihre Mutter. Es gehört sozusagen mit zur Familientradition, auf keinen Fall so wie die Eltern werden zu wollen.

Je mehr sich aber jemand dagegen wehrt, seiner Familie, seinen Eltern ähnlich zu sein, desto ähnlicher wird er ihnen insgeheim. Manche entdecken diese Ähnlichkeit, wenn sie eigene Kinder bekommen. Sie benehmen sich oft genauso wie ihre Eltern, gar nicht so viel besser, als sie es eigentlich vorhatten. Andere werden 40 oder 50 Jahre alt und fangen dann endlich an, Gemeinsamkeiten zu entdecken. Dann kommen sie zur Einsicht: So viel anders bin ich gar nicht geworden. Ich ähnele viel mehr den Eltern, als ich je vorhatte.

Nachdem die Ähnlichkeit gesehen wird, besteht der nächste Schritt darin, die Loyalität und Verbundenheit zu entdecken, die hinter der Ähnlichkeit steckt. Es ist die Treue zu einem Elternteil, wenn Herr Klaus sich blockiert fühlt, wenn Herr Reinhard sich impulsiv betrinkt und wenn Frau Burger Angst um ihren Erfolg hat.

Diese Nachfolge der Eltern geschieht aus einer alten und sehr versteckten Liebe. Es ist die Liebe des kleinen Kindes in jedem von uns, das grenzenlos mit Vater und Mutter und mit anderen Mitgliedern der eigenen Familie mitfühlt. Es ist eine archaische Liebe, bei der das ganze Streben darauf zielt, dazuzugehören. Wer den anderen gleich ist, gleich fühlt, sich gleich verhält, der gehört dazu. Dieser Drang ist unbewusst und hat eine enorme Kraft.

Je verhärteter, je unglücklicher die Eltern sind, umso mehr

schmerzt dieses Mitgefühl und die Verbundenheit. Deswegen ist es leichter, zornig und vorwurfsvoll zu sein. Diese Liebe in sich selbst zu entdecken und zu spüren, fällt nicht leicht.

Die Verbundenheit mit der Familie ist in fast jedem vorhanden, selbst wenn sie vom Erwachsenen im Alltag nicht gespürt wird. In Notsituationen tauchen diese versteckten Gefühle der Zusammengehörigkeit wieder auf, bei Eltern wie bei Kindern. Das können Unfälle und Krankheiten sein, aber auch Kriegsereignisse und Naturkatastrophen. Plötzlich bricht eine vorher nie gespürte Sorge und Zuneigung auf. Jeder tut alles, was in seinen Kräften steht, um den anderen zu helfen.

Manchmal überdecken Spannungen und alter Ärger dauerhaft das liebevolle Gefühl im Untergrund. Ein Kind hat ein großes Bedürfnis nach Zuneigung und Aufmerksamkeit. Das Bedürfnis ist so groß, dass kein Elternpaar es ganz stillen kann. Deshalb gibt es eine Schicht von Enttäuschung und Frust, die die ursprüngliche Liebe überdeckt und zunächst fast automatisch zwischen dem Kind und den Eltern steht.

Dann ist ein Kind völlig überrascht, wie tief es der Tod eines Elternteils trifft. Dann werden die Mauern erschüttert, die im Alltag errichtet wurden. Nicht nur die schlimmen Erinnerungen tauchen dann auf, sondern vor allem die vergessenen guten. Durch die Endgültigkeit des Todes wird klar, dass es verpasst wurde, der Zuneigung Ausdruck zu geben und die Verbundenheit im direkten Kontakt zu spüren. Jetzt ist es zu spät. Schade!

Das Spüren der Zuneigung ist ein weiterer wichtiger Schritt, um zu einem besseren Verhältnis zu den Eltern zu finden, das Kraft gibt, statt zu blockieren. Daraus folgt dann der nächste Schritt: die Achtung und Dankbarkeit gegenüber den Eltern.

Die Achtung lässt sich als tiefer Respekt beschreiben. Auch wenn die Eltern fehlerhaft und »normal« sind und keine besonderen Heldentaten vollbracht haben? Auch und gerade dann!

Dazu ist es wichtig, nicht mehr mit den kindlichen Augen, sondern mit denen des Erwachsenen heute zu schauen. Kinder haben, solange sie klein sind, kein wirkliches Verständnis für die Eltern. Sie sehen nicht, welche Schwierigkeiten diese in ihrem Leben zu bewältigen hatten. Sie wissen nicht, warum diese so geworden sind, wie sie waren und sind. Erwachsen werden heißt auch, eine reifere Sicht auf die Eltern zu gewinnen.

Wer die Kinderbrille absetzt, fängt an, die Eltern als eigenständige Menschen sehen. Dann sieht er in ihren Augen all das, was sie in ihrem Leben mitgemacht haben. Auch sie hatten meist keine einfache Kindheit und Jugend. Sie haben viel erlebt und oft auch erlitten. In ihren Gesichtern haben Spannungen und Enttäuschungen ihre Spuren hinterlassen. Wer das entdeckt und ganz auf sich wirken lässt, kann zu einem neuen Bild seiner Eltern kommen –mit all seinen Begrenzungen, Mängeln und Fehlern. Oft ist es dazu hilfreich, mehr von den Eltern, ihrer Kindheit und ihrem Leben wissen zu wollen. Daraus erwächst dann ein neues Verständnis, das entspannt und befriedet.

Wer keine Achtung vor den Eltern hat, der steht bildlich gesehen vor ihnen und ruft ihnen zu: »Ich mache es besser als Ihr. Ich weiß es besser. Ich bin besser und klüger als Ihr.« Die natürliche Elternreaktion daraufhin– wer Kinder hat, weiß es – ist je nach Situation liebevoll lächelnd oder zornig mit dem Satz: »Du wirst schon sehen!« Aus einem solchen Satz fließen weder Ermutigung noch Unterstützung.

Anders ist es, wenn jemand zu diesem Respekt vor seinen Eltern findet. Er bekommt etwas Kostbares als Gegenleistung zurück. Eltern, die sich geachtet fühlen, können wohlwollend darauf schauen, wenn ihre Kinder mehr Erfolg und ein besseres Leben haben. Sie können sich daran freuen – und das wiederum wird zur Stärkung und Ermunterung für die Kinder.

Auch wenn die Eltern schon tot sind, lässt sich die innere Beziehung noch klären und verändern. Wunden heilen auch nachträglich. Das hat oft weniger mit Handlungen zu tun, sondern mehr mit neuen Blickwinkeln und Einstellungen. Aber natürlich ist es einfacher und unmittelbar bereichernd, wenn die Eltern noch leben. Diese gute Beziehung zu den Eltern ist nichts Feststehendes, sondern etwas, was sich immer weiter fortentwickeln und vertiefen kann. Aus dieser Beziehung fließt Kraft statt Lähmung.

# Schwierigkeiten mit Autoritäten verstehen und beenden

Selbst der Unschuldigste wird vermutlich einen Moment lang kribbelig, wenn ihn der Polizist bei der überraschenden Verkehrskontrolle um den Führerschein bittet. Genauso wie der Sachbearbeiter nervös wird, wenn der Vorgesetzte einen Fehler entdeckt hat und ihn darauf hinweist. Und auch die Präsentation vor dem Vorstand mag die Verantwortliche für das Marketing hektisch machen. In solchen Situationen ganz und gar ruhig zu bleiben, ist den wenigsten gegeben. Die leichte Aufgeregtheit ist den Umständen nach verständlich, aber eigentlich nicht unbedingt nötig. Dennoch ist sie häufige Begleiterin im Umgang mit Menschen, die Autoritäten darstellen.

Autoritäten auf Augenhöhe zu begegnen, fällt schwer. Ein Polizist stellt dem Falschparker einen Strafzettel aus – das ist sein Job. Hier am Halteverbot begegnen sich zwei Bürger in unterschiedlichen Rollen. Wenn die beiden nebeneinander im Sportverein schwitzen, begegnen sich zwei normale Menschen, die gleichgestellt sind. Wenn Chefärztin und Krankenschwester sich im Krankenhaus begegnen, spielt der Rangunterschied sachlich eine Rolle. Begegnen sich beide früh im Kindergarten, um ihr Kind dort abzugeben, entdecken sie sich in ihrer privaten Gemeinsamkeit.

Das mag jemand wissen und rational einsehen. Und trotzdem – in den kritischen Situationen wie beim Verstoß gegen das Halteverbot, fängt das Herz stärker zu schlagen an. Woher kommen solche Reaktionen? Aus der Fülle möglicher Beschreibungen und Erklärungen beschränke ich mich hier auf diejenigen, die mit dem familiären Hintergrund zu tun haben.

## Der unfähige Chef oder wie Vaterthemen dazwischenfunken

*Herr Kronach hat vor einigen Monaten eine neue Stelle als Sachbearbeiter angetreten. Er begann ehrgeizig und sehr engagiert. Bereits nach zwei Wochen machte er eine Reihe von in seinen Augen sehr sinnvollen Verbesserungsvorschlägen. Doch sein Vorgesetzter war nicht daran interessiert. Das ging auch in der Folge entsprechend so weiter. Inzwischen ist Herr Kronach tief frustriert von seinem Chef. Im Grunde, so findet er, ist dieser seiner Position sowieso nicht gewachsen. Von den Fehlern und Mängeln seines Chefs kann er schon eine ganze Reihe aufzählen.*

*Allerdings ist dies nicht der erste Vorgesetzte, von dem Herr Kronach sich ausgebremst sieht. Auch in seiner vorigen Stelle ist ihm Ähnliches passiert. Immer wieder kam es zu Missstimmigkeiten mit den Chefs. Und auch schon in der Schule hatte er häufig Konflikte mit Lehrern.*

*Weil ihm bewusst wird, dass seine Schwierigkeiten möglicherweise auch mit ihm selbst zu tun haben, hat er sich entschlossen, das Thema durch ein Coaching anzugehen.*

Sicher gibt es Führungskräfte, die von ihrer Aufgabe überfordert sind. Möglicherweise gehört der Chef von Herrn Kronach dazu. Als natürliche Reaktion sind dann ehrgeizige und leistungsstarke Mitarbeiter frustriert.

Bei Herrn Kronach ziehen sich aber Schwierigkeiten mit Autoritäten wie ein roter Faden durch sein gesamtes Leben. Deshalb ist es unwahrscheinlich – das hat er selbst schon richtig erkannt –, dass allein die Unfähigkeit der Lehrer und Vorgesetzten schuld an seinen Problemen ist. Auf irgendeine Weise scheint Herr Kronach durch sein Verhalten selbst zu diesen Schwierigkeiten beizutragen. Ja, vielleicht provoziert er sie sogar auf bestimmte Weise.

Im weiteren Gespräch bezeichnet sich Herr Kronach selbst als »unangenehmen Mitarbeiter«. Er ist richtig stolz darauf, wie schnell er Schwachpunkte bemerkt und wie hartnäckig er dann seine Verbesserungsvorschläge vorträgt. Viele Vorgesetzte, so meint er, seien in ihrem alten Denken verkrustet und weigerten sich, frischen Wind durch ihr Gehirn voll Spinnweben blasen zu lassen. Er weiß, dass er diese Meinung ab und zu auch durchblicken lässt. Daraus entstehen immer wieder Spannungen, die sich in negativen Beurteilungen seiner Fähigkeiten und Leistungen niederschlagen.

Wie kann Herr Kronach mit dieser Situation umgehen? Vielleicht würden ihm Kommunikationsseminare helfen, wenn er dort an seinem Verhalten arbeitet. Oder er könnte seine Art des Umgangs gezielt im Coaching bearbeiten. Denn auf jeden Fall wäre ein anderer Ton im Umgang mit Vorgesetzten hilfreich. Er müsste lernen, sich mehr zurückzuhalten. Mit mehr Selbstbeherrschung würden sich die Spannungen um ihn herum mindern.

All dies sind wertvolle Ansätze, die vielleicht genügen würden, seine Schwierigkeiten zu beheben. Manchmal reichen solche Versuche aber nicht, wenn sich dadurch am Kern der Haltungen und Einstellungen nichts oder zu wenig ändert.

Dann besteht weiterhin die Gefahr, dass ein sensibler Vorgesetzter die geheime Ablehnung spürt und darauf reagiert. Was jemand ausstrahlt, das bekommt er regelmäßig zurück. Solange Herr Kronach sich auf die Schwachpunkte der Vorgesetzten fixiert, werden diese auch seine Mängel besonders scharf wahrnehmen. Sinnvoll ist es deshalb, mehr Augenmerk auf die grundsätzlichen Einstellungen zu richten. Was sind die wesentlichen Muster, die ausschlaggebend für die Schwierigkeiten sind?

Herr Kronach ist Autoritäten gegenüber äußerst kritisch eingestellt. Er entdeckt sehr schnell ihre Schwächen und Fehler. Dann empfindet er die Autorität als unfähig. Im Gegenzug erlebt er sich innerlich als überlegen. Eigentlich wüsste er es besser oder könnte es besser machen – wenn man ihn nur ließe. Das lässt er auch durchblicken. Er weiß selbst, dass man ihn oft für arrogant und überheblich hält. Aber so ist er nun mal, findet er, und er hat ja auch recht. Denn seine Beurteilungen stimmen, das kann er mit Fakten belegen.

Solche Haltungen spiegeln sehr frühe Einstellungen zu sich selbst und gegenüber der Umwelt wider. Deswegen ist der Blick zur Kindheit sinnvoll. Die ersten Autoritäten im Leben eines Kindes sind diejenigen, die es aufziehen, im Regelfall die Eltern. In den Einstellungen zu Autoritäten spiegelt sich meist etwas von der Einstellung zu den Eltern wider. Dabei werden am schnellsten männlichen Autoritäten gegenüber die Gefühle in Bezug auf den Vater wach, bei weiblichen Autoritäten taucht dann die Mutter auf.

Wer häufig Schwierigkeiten mit Autoritäten hat, muss nur in Richtung der Eltern schauen, um dort die ursprünglichen Gefühle von Zuneigung, Ärger, Enttäuschung und Angst zu entdecken. Diese kindliche Seite stört ein abgeklärtes und erwachsenes Verhältnis zum eigenen Vorgesetzten. Auf den Punkt gebracht: Ab und zu verwechselt jeder seinen Chef mit seinem Vater. Es ist ein Grundthema, das die meisten Menschen verbindet. Die Haltung gegenüber Vorgesetzten zeigt wie mit dem Vergrößerungsglas ungeklärte Themen auf, die aus der eigenen Kindheit kommen.

Herr Kronach beschreibt seine Kindheit als »normal«. Mit 20 ist er von daheim in eine weit entfernte Großstadt gezogen, eine gute Entscheidung, wie er meint. »Weihnachten komme ich immer, damit wir zusammen feiern. Einen Tag lang halte ich es dann gut dort aus. Dann wird es mir zu viel und ich fahre gern wieder nach Hause.«

Erst in einem ausführlichen Gespräch wird deutlich, dass unter der normalen Oberfläche große Spannungen in der Familie herrschten. Der Vater ist ein gutmütiger Mann, der geschäftlich wenig Erfolg hatte. Die Mutter war ursprünglich recht ehrgeizig. Sie hatte sich ein anderes Leben zusammen mit ihm erhofft und war von ihrem Mann und dem Leben mit ihm frustriert. Im Grunde, so meint Herr Kronach, verachtete die Mutter den Vater. Er erinnert sich noch an hässliche Szenen aus der Kindheit, in denen die Mutter dem Vater Vorwürfe machte. Ihr Augenstern war der einzige Sohn. Schon als er klein war, war sie von ihm begeistert, stolz auf ihn und gab mit ihm bei den Nachbarinnen an. In ihn setzte sie die ganzen Hoffnungen.

Wieder haben wir als ein grundlegendes Thema dieser Ehe starke Spannungen zwischen den Eltern, in die Kinder mit hineingezogen werden. Ein Kind in einer solchen Ehe ist zwischen beiden Elternteilen hin- und hergerissen. Und beide Eltern wollen es im Regelfall auf ihre Seite ziehen. Das Kind liebt beide, hat aber das Gefühl, es muss sich entscheiden. Das ist im Grunde eine unmögliche Entscheidung. (Wenn jemand sich in seinem Leben schwer mit Entscheidungen tut, dann ist diese ursprüngliche unlösbare Situation manchmal der Hintergrund der Schwierigkeiten. Jede kleine Entscheidung erinnert wieder an dieses Thema der Kindheit.)

Mütter haben gegenüber den Kindern meist eine stärkere Position als die Väter. Kinder sind im Leib der Mutter gewachsen, von ihr dann geboren worden. Das macht ein besonders starkes Band aus. Im Konflikt hat die Mutter es regelmäßig leichter, Kinder, gerade wenn sie noch jung sind, auf ihre Seite zu ziehen. In der Pubertät kippt das dann bisweilen und Töchter oder Söhne schlagen sich plötzlich auf die Seite des Vaters.

Herr Kronach teilt die Auffassungen, die seine Mutter von seinem Vater hat. Er sieht ihn mit ihren Augen, die sich auf Schwächen und Fehler konzentrieren. Gleichzeitig fühlt er sich selbst dem Vater gegenüber überlegen. Seine Mutter vermittelt ihm ja immer wieder, dass er eigentlich besser als sein Vater ist. Im Grunde liegt die gleiche Familiendynamik vor, die auch bei Herrn Reinhard mit dem alkoholkranken Vater im vorigen Kapitel herrschte. Es ist eine Dynamik, die gar nicht so selten ist, oft allerdings versteckt.

Die Einstellung, die Herr Kronach gegenüber dem Vater hat, überträgt er auf alle Vorgesetzten. Heute sieht er seinen Chef so, wie er früher seinen Vater gesehen hat. Unfähig und inkompetent. Und natürlich spürt sein Chef diese Einschätzung und Ablehnung.

Diese Sichtweise leuchtet Herrn Kronach ein. Er beginnt, an seinen Haltungen und Einstellungen zu arbeiten. Die wesentliche Voraussetzung für seine Verbesserung im Umgang mit Vorgesetzten ist die Erkenntnis: Das Unternehmen ist nicht seine Familie und der Chef ist nicht sein Vater.

Am Arbeitsplatz gelten andere Regeln als in der Familie. Der Vorgesetzte hat eine bestimmte Rolle und Funktion, die er, so gut er kann, ausfüllt. Auch der Mitarbeiter hat eine Rolle und Funktion. Er muss lernen, diese seine Rolle und Funktion auszufüllen.

Entspricht sein Umgangston mit dem Chef seiner Funktion? Herr Kronach muss zugeben, dass er manchmal nicht angemessen ist. In der folgenden Zeit ändert er seinen Umgangston. Er mischt sich nicht mehr ständig in einer besserwisserischen Form ein. Wenn er Verbesserungsvorschläge macht, wartet er auf einen guten Zeitpunkt. Zu seiner eigenen Überraschung werden sie bisweilen tatsächlich angenommen. Die Beurteilungen, die er von seinem Vorgesetzten erhält, verbessern sich erheblich.

# Stimmungsumschwung am Arbeitsplatz oder wenn kindliche Sehnsüchte den Blick trüben

*Frau Roth ist seit zwei Monaten krankgeschrieben. Im Moment ist sie völlig durcheinander, schwankt zwischen Wut, Trauer und Resignation. Auf einer Kontaktbörse von Firmen und Studienabsolventen hatte sie einen Unternehmer kennengelernt, dessen Schwung und Begeisterungsfähigkeit sie sofort für ihn einnahmen. Auch er fand Gefallen an ihren Ideen und bot ihr spontan eine Position als Assistentin der Geschäftsleitung direkt in seinem Umfeld an. Begeistert nahm sie das Angebot an.*

*Das erste halbe Jahr bis nach der Probezeit war für beide Parteien äußerst zufriedenstellend. »Wie in den Flitterwochen«, drückt Frau Roth es aus. Dann aber kippte die Stimmung. Ihr war ein kleiner, aber unangenehmer Fehler unterlaufen. Eisig wies ihr Chef sie auf den Fehler hin. Ihr war, als ob ihr der Boden unter den Füßen weggezogen würde. Diesen plötzlichen Stimmungswechsel verkraftete sie nicht und grübelte nächtelang über die Situation nach. Als ihr ein weiteres kleines Missgeschick unterlief, stieg die Spannung noch weiter. Das hielt sie nicht mehr aus und ging zu ihrem Hausarzt.*

Was Frau Roth geschehen ist, spielt sich auf unterschiedliche Arten immer wieder im Alltag ab, wenn auch nicht in so extremer Form.

Da gibt es am neuen Arbeitsplatz zu Beginn eine große Begeisterung für das Umfeld. Die Chefin ist hervorragend, der Kollege im Nachbarzimmer ist wie ein Bruder. Ein kleines Ereignis, ein Fehler oder ein Missverständnis, zerstören die gute Stimmung. Die Begeisterung kippt in Enttäuschung um. Die guten Kontakte brechen ab. Der zunächst »unheimlich« sympathische und freundliche Kollege wirkt jetzt feindselig und sauertöpfisch. Zeigt er nun »sein wahres Gesicht«? So empfindet es der enttäuschte Neuankömmling. Dabei blendet er aus, dass seine Begeisterung am Anfang übergroß und deshalb unrealistisch war. Menschen haben nun einmal Fehler und alle Menschen haben positive und negative Eigenschaften. Wer diese Tatsache nicht sehen will oder vergisst und andere verklärt, muss sich später nicht wundern, wenn er ernüchtert wieder auf dem Boden der Tatsachen ankommt.

Dass sie am Anfang nicht realistisch genug war, sieht Frau Roth inzwischen auch ein. Trotzdem ist sie schockiert, dass ihr der Stimmungsumschwung so viel ausmacht. Solche heftigen Stimmungsextreme mögen Temperamentssache sein, häufig jedoch haben sie ihren Ursprung in der Familie. Deswegen ist es spannend, was Frau Roth aus ihrer Kindheit berichtet.

Zunächst erwähnt sie nichts Außergewöhnliches. Sie ist in einer, wie sie sagt, glücklichen Familie aufgewachsen. Der Vater war lebhaft und impulsiv wie sie selbst auch. Deshalb fühlte sie sich ihm auch besonders nahe, »seelenverwandt«, wie sie es ausdrückt. Die Mutter war eher zurückhaltend und still und hatte bisweilen Schwierigkeiten mit ihrer lebhaften Tochter.

Als sie von ihrem Vater berichtet, fällt Frau Roth auf, dass ihr am Anfang an ihrem neuen Arbeitgeber besonders das Temperament gefallen hatte. Das war ähnlich dem des Vaters.

Reicht eine solche Ähnlichkeit, um daraus Schlussfolgerungen für die aktuelle Krankschreibung herzuleiten? Das klingt doch etwas sehr weit hergeholt. Auf weiteres Nachfragen hin fallen Frau Roth jedoch noch andere Einzelheiten aus ihrer Kindheit ein, die das Geschehene in einem neuen Licht erscheinen lassen. Bevor ich darauf eingehe, möchte ich umfassender den allgemeinen Hintergrund ihrer Reaktion beschreiben.

Im Leben eines normalen Erwachsenen tauchen immer wieder Themen und Gefühle der Kindheit auf, ohne dass jemand sie gleich als solche erkennt. Dabei sind sie von außen her leicht wahrnehmbar. Diese Gefühle sind besonders heftig und »eigentlich« der Situation nicht angemessen. Wenn solche hitzigen Gefühle auftreten, dann handelt es sich regelmäßig um Gefühle, die in der Kindheit oder in der Familie ihre Wurzel haben. Freunde oder Partner haben ein feines Gespür dafür, wann jemand angemessen reagiert und wann er sich »in einem alten Film« befindet.

Die heftigen Reaktionen von Frau Roth deuten auf eine Ursache in der Kindheit hin. Erwachsen wäre es gewesen, wenn sie zwar vom Stimmungswechsel zwei oder drei Tage lang enttäuscht gewesen wäre, sich dann aber auf die veränderte Situation eingestellt hätte. Nächtelanges Grübeln und schließlich die Krankschreibung aus Verzweiflung sind unangemessen. Der Zeigefinger deutet in Richtung Kindheit. Die konkreten Erinnerungen mögen zunächst vergessen sein. Aber ein aktueller Anlass kann alte, verdrängte Emotionen wieder wecken.

Bei ihr taucht ein Phänomen auf, das als erstes die Psychoanalyse erforscht und dafür den Begriff »Übertragung« geprägt hat. Es geht dabei insbesondere um die Verwechslung von Autoritäten mit den eigenen Eltern. Das war schon im letzten Abschnitt bei Herrn Kronach der Fall gewesen. Aber Übertragung hat nicht nur eine einfache Seite, sondern ist sehr vielschichtig. Denn selbst wenn Frau Roth ihren Chef mit ihrem Vater verwechselt hätte – wieso kommt es zu solch heftigen Reaktionen?

Um die Phänomene besser zu verstehen, helfen die Erkenntnisse, warum es zu diesen Übertragungen oder Verwechslungen kommt. Auch wenn ein Kind mit liebevollen Eltern in einer geborgenen Umgebung groß wird, so wird es doch nicht ohne seelische Verletzungen aufwachsen. Körperliche Schrammen und Wunden gehören mit zur Kindheit, sei es bei den ersten Gehversuchen oder später beim Ausprobieren der Inlineskater. Genauso gehören seelische Verletzungen dazu.

Sie kommen daher, wenn ein Kind sich ungeliebt, unbeschützt oder nicht wahrgenommen fühlt. Diese Erfahrungen lassen sich in der Kindheit nicht umgehen. Denn selbst den Eltern mit den besten Absichten ist es unmöglich, alle kindlichen Bedürfnisse zu erfüllen. Eltern haben Grenzen in ihrer Kraft und in ihrer Aufmerksamkeit. Manchmal haben Vater oder Mutter einfach keine Zeit oder keine Nerven, sich in optimaler Weise um ihr Kind zu kümmern.

Soll wirklich jeder Mensch solche lang wirkenden Wunden erhalten haben? Die Vernunft im Erwachsenen rebelliert spontan gegen solche Ideen. Das klingt doch sehr pauschal. Es mag ja in Einzelfällen stimmen, man denke nur an gequälte und missbrauchte Kinder. Aber die überwiegende Mehrzahl der Eltern liebt doch ihre Kinder, sie freuen sich an ihnen und tun für sie, was sie nur können. Die Kindheit der meisten ist doch überwiegend glücklich!

Wer einen Blick zurück in die eigene Kindheit wirft, der trifft fast immer auf Eltern, die sich alle Mühe gegeben haben, sie zu rechtschaffenen Erwachsenen zu erziehen. Das ging nicht immer reibungslos, aber die Grundhaltung war positiv und wohlwollend. Dass es dann vielleicht in der Pubertät zu heftigeren Auseinandersetzungen kam, ist normal und gehört mit zum Ablösungsprozess.

Die Verletzungen geschehen aus einem anderen Grund. Was für Eltern nur eine Kleinigkeit ist, das erlebt ein Kind in seinen ersten Jahren noch ungeschützt als ungeheuerlich groß und heftig. Der Schmerz, den ein Kind empfindet, ist grenzenlos und absolut. Das kleine Bauchweh wird als Lebensbedrohung empfunden. Deswegen kann ein für einen Erwachsenen vergleichsweise geringer Anlass riesigen Schmerz oder enorme Angst bei einem Kleinkind auslösen. Ein Kind hat noch nicht gelernt, diese Empfindungen wie ein Erwachsener zu verarbeiten.

Darüber hinaus haben Eltern ein bestimmtes Bild, wie ihre Kinder sein oder werden sollen. Nach solchen Bildern wurden sie selbst von ihren Eltern aufgezogen und geformt. Gesellschaftliche Leitbilder wandeln sich. Die Eltern sind Teil der gesamten kulturellen Entwicklung. Vor 100 Jahren waren andere Eigenschaften wichtig und gefragt als heute. Die Bedeutung, die einmal Anstand und gute Manieren hatten, hat sich reduziert. Stattdessen geht es heute mehr um Schnelligkeit, Flexibilität und Durchsetzungsfähigkeit. Am deutlichsten zeigt sich der kulturelle Wandel bei den Bildern, was ein wohlgeratener Junge, was ein wohlgeratenes Mädchen ist.

Eltern wollen, dass es ihren Kindern später einmal gut geht. Deshalb sollen sie die in der Gesellschaft gewünschten Eigenschaften zeigen und die unerwünschten verstecken oder unterdrücken. Ob der Erziehungsstil gewaltsam oder liebevoll ist, macht für das Resultat keinen großen Unterschied. Kinder spüren, dass sie nicht ganz und gar angenommen werden, so wie sie sind, sondern nur, wenn sie den Vorstellungen ihrer Eltern entsprechen. Geboren wird ein Kind mit vielen Anlagen, vielen verschiedenen Wesensseiten und vielen Möglichkeiten. In seiner Ganzheit wird es oft nicht wirklich wahrgenommen. Die Bilder, die Eltern sich machen, wie ein Kind ist oder sein soll, sind in vielem stärker.

Das führt zu einem großen, tiefen Schmerz, den fast alle Kinder erleben. Er ist normal, gehört mit zur menschlichen Entwicklung. Mit der Zeit lernt ein Kind, ihn ein Stück weit abzuspalten, zu »verdrängen«, wie es oft bezeichnet wird. Er ist nicht ständig im Leben und im Bewusstsein präsent. Da gibt es noch so viele andere und auch schöne Momente!

Aber der Schmerz verschwindet nicht vollständig. Er verwandelt sich in Sehnsucht. Die Hoffnung, die nicht erhaltene, vollständige und umfassende Liebe zu bekommen, schlummert weiter. Es ist so, als ob ein verletztes Kind im Inneren Ausschau hält nach der liebevollen Mutter, nach dem liebevollen Vater, die ihm all das geben, was es damals vermisst hat. Endlich jemand finden, der einen so annimmt, sieht und schätzt, wie man wirklich ist.

Je größer der Schmerz und die Wunden waren, desto größer und blinder wird später die Sehnsucht. Wer eine brennende Sehnsucht in sich trägt, verwechselt schnell und leicht. Aus dieser Sehnsucht heraus projiziert er in seiner Umgebung Vater- oder Mutterbilder auf Männer und Frauen, denen er begegnet. Daraus ergibt sich die Schlussfolgerung: Wer eine große Sehnsucht hat und schnell Autoritäten wie Elternfiguren behandelt, der trägt auch ein gehöriges Maß an Wunden aus der Kindheit mit sich herum.

Grundsätzlich richten sich die Erwartungen an jede Person, zu der man aufschaut, die als überlegen gesehen wird oder die versucht, sich so darzustellen. Viele Arten von Autoritäten eignen sich für eine unbewusste Rolle als möglicher »Ersatzvater« oder »Ersatzmutter«. Sie werden dann als Mutter- oder Vaterfiguren erlebt. Sie sollen kompetent sein, immer gerecht und wohlwollend: die Lehrer, die Chefs und natürlich auch die Therapeuten. Damit arbeiten dann die Psychoanalytiker mit ihren Klienten in der Psychoanalyse.

Ziel der Sehnsucht ist nicht unbedingt der Polizist mit dem Strafzettel, aber die Suche nach den perfekten Eltern, nach idealen, vollkommenen Menschen richtet sich heute an immer mehr Berufsgruppen. Auch Politiker und Wirtschaftsführer eignen sich gut dazu. Beim Blick zu diesen Menschen blüht die kindliche Hoffnung, dass hier Menschen das Ruder in der Hand halten, die fürsorglich, tugendhaft und fehlerlos sind.

Wie weit das reicht, zeigt eine Einsicht von Bert Hellinger, die er so formulierte: »Gott ist der Vater.« Bei sehr religiösen, »gottes-fürchtigen« Menschen zeigt sich, dass bestimmte Gefühle, wie eine Angst vor Gott, ihren Ursprung im Verhältnis zum Vater haben. Wenn die Angst zum Vater sich löst, wird auch die Beziehung zu Gott von dieser Angst frei. Und entsprechende Phänomene tauchen auch in der Beziehung mit »Mutter Kirche« auf.

Zurück zu Frau Roth, deren Reaktionen auf Zusammenhänge mit der Kindheit schließen lassen. Ihre erste Schilderung beschränkte sich auf die Aussage, in einer glücklichen Familie aufgewachsen zu sein. Dem lebhaften und impulsiven Vater habe sie sich nahe gefühlt. Erst als noch mehr Erinnerungen an ihre frühe Beziehung zu ihrem Vater auftauchen, bekommt das Ausgangsbild Konturen. Ihr fallen andere, weitaus weniger angenehme Erinnerungen ein. Eigentlich konnte sie sich nie ganz der Zuneigung des geliebten Vaters sicher sein. Bisweilen überschüttete er sie mit seiner Aufmerksamkeit und Zuneigung. Dann gab es aber auch Zeiten, wo er sich völlig von ihr zurückzog und sie schroff und abweisend behandelte. Es war ein ständiges Wechselbad zwischen Begeisterung und Enttäuschung.

Bei den Erzählungen von dieser Vergangenheit entdeckt Frau Roth immer klarer die Ähnlichkeit ihres Chefs mit ihrem Vater. Langsam wird ihr bewusst, dass ihre tiefe Enttäuschung und ihr Rückzug ganz ihren kindlichen Gefühlen von damals entsprechen. Die Psychoanalyse hat darüber hinaus entdeckt, dass es eine positive und eine negative Übertragung gibt. Oft tritt die positive zu Beginn der Beziehung auf und kippt dann um in die negative. Beides sind extreme Gefühlslagen. Bei der positiven Übertragung wird das vorhandene Gute vergrößert oder absolut gesetzt.

Diese Beschreibung entspricht der ersten Phase in der Beziehung zwischen Frau Roth und ihrem Arbeitgeber. Das waren die »Flitterwochen« in der Beziehung, begeistert und schwungvoll, getragen von einer großen Welle von Begeisterung. Wenn Frau Roth auf ihren neuen Arbeitgeber schaute, dann sah sie ihn nicht realistisch, sondern »verklärt«.

Und da Menschen, die sich so füreinander begeistern, meist Gemeinsamkeiten haben, wird es dem neuen Chef nicht anders gegangen sein. Endlich hat er die ideale Mitarbeiterin gefunden! Auch er hat Frau Roth nicht wirklich gesehen, sondern durch eine rosarote Brille.

So hat Frau Roth ihren Chef nie wirklich ganz wahrgenommen. Die Einsicht, dass jeder Mensch Stärken und Schwächen hat, hat sie ausgeblendet oder vergessen. Sein Bild wurde zu dem Bild des Vaters, so wie er ideal hätte sein sollen. Ihre Erwartungen, die unerlösten Energien, die sie mit dem Vater verbinden, haben einen realistischen Blick auf ihren Chef unmöglich gemacht.

Eine solche Verklärung kann sich allerdings nicht dauerhaft gegen die Realität behaupten. Deswegen kippt die positive Übertragung irgendwann um in die negative. Das ist dann ein abrupter Wechsel. Wie zuvor wird auch jetzt der andere verzerrt gesehen, nur wird nun das vorhandene Negative übersteigert. Die Flitterwochen sind vorbei, Enttäuschung macht sich breit. Kleine Fehler verärgern enorm. Alles scheint ein großer Irrtum gewesen zu sein.

Deswegen verkraftet Frau Roth so schwer das Ankommen in der Realität. Was noch dazu kommt: Auch der Chef war ja von einer ähnlichen Welle getragen. Deswegen sind auch seine Reaktionen so emotional gefärbt und intensiv – zuerst die Begeisterung und dann die Enttäuschung. Das macht es für Frau Roth doppelt schwer, zu einem normalen Verhältnis zu ihrem Arbeitgeber zu finden.

Den wichtigsten Schritt dazu hat sie allerdings jetzt schon getan. Sie hat nämlich erkannt, dass ihre Reaktionen nur wenig mit dem Arbeitgeber, viel mehr aber mit ihren alten Erfahrungen und Erinnerungen zu tun haben. Bei ihrem Vater war die kindliche Enttäuschung angemessen und verständlich. Jetzt ist sie erwachsen und an einem Arbeitsplatz mit einem anscheinend etwas überdrehten Chef. Mit dieser beruflichen Situation hat sie sich auseinanderzusetzen. Was ist das hier passende Vorgehen und Verhalten? Je mehr sie sich mit diesen Fragen und der Realität befasst, desto klarer kann sie gute Entscheidungen für ihre Zukunft treffen.

Frau Roth hat dann gekündigt. Aber nicht aus der spontanen Reaktion des verletzten Kindes heraus, sondern weil sie alle Für und Wider ihres Arbeitsplatzes abgewogen hatte. Wichtig war ihr auch noch ein klärendes Gespräch mit dem Vorgesetzten, das dank ihrer Einstellung in einer guten Atmosphäre verlief. Damit hatte sie die beste Ausgangsbasis für ihren weiteren Berufsweg.

## Der gekränkte Psychologe oder der übernommene Kampf gegen die Ungerechtigkeit

*Herr Fink ist Diplom-Psychologe und arbeitet in der Psychiatrie. Er quält sich im Moment jeden Tag zur Arbeit, weil er so frustriert ist. Seine Unzufriedenheit kommt von den hierarchischen Unterschieden und Ungerechtigkeiten in der Klinik.*

*Sein Vorgesetzter ist der Chefarzt, ein Psychiater. Ursprünglich hatte er sich mit ihm gut verstanden. Jüngst kam es allerdings zu dem Vorfall, der ihn jetzt nicht mehr ruhen lässt.*

*Ein Patient sollte mit psychotherapeutischen Gesprächen unterstützt werden. Das ist seine Aufgabe. Dazu ist er ausgebildet, während die dort angestellten Ärzte für die medizinische Betreuung zuständig sind. Ein junger Oberarzt war als zuständiger Arzt der medizinische Betreuer. Anstatt Herrn Fink als Psychologen einzubeziehen, meinte der Chef nur zu dem Oberarzt: »Das können Sie auch.«*

*Das hat Herrn Fink ins Mark getroffen. Er ist so verletzt und empört, dass er nicht darüber hinwegkommt: »Wie soll ich hier weiterarbeiten, wenn man meine Ausbildung und Arbeit so wenig anerkennt!«*

Herr Fink ist Psychologe und damit als Spezialist ausgebildet und zuständig für die psychotherapeutische Seite von seelischen Störungen. Allerdings sind ihm die Ärzte traditionell übergeordnet. Aus dieser Höherstellung wird dann automatisch die Kompetenz für ihr Sachgebiet abgeleitet. Ähnliche Konflikte gibt es auch bei anderen Berufsgruppen. So wie es dem Psychologen mit dem Arzt ergeht, könnte es an einem anderen Arbeitsplatz einem Sozialarbeiter mit dem Psychologen gehen oder der Erzieherin mit der Sozialarbeiterin.

Die Empörung von Herrn Fink hat einen guten Grund und ist berechtigt. Auf der sachlichen Ebene ist ein Gespräch von ihm mit dem Chefarzt sinnvoll, damit die Aufgabenteilung in der Psychiatrie und das zukünftige Vorgehen geklärt werden.

Allerdings – solange Herr Fink mit seiner Empörung so geladen ist, ist ein solches Gespräch schwierig. Denn seine Gefühle werden die sachliche Seite überlagern. Wer als Mitarbeiter gekränkt und beleidigt mit seinem Chef verhandelt, wird oft erleben, dass auch der Vorgesetzte nicht sachlich reagiert, sondern persönlich und emotional. Damit wird dann ein Konflikt nicht beigelegt, sondern schaukelt sich auf.

Bei Herrn Fink scheint zwar ein gewisser Ärger berechtigt, nicht aber die totale Empörung und Verletzung. Woher rührt die Empörung von Herrn Fink? Ein gewisser Ärger ist berechtigt, nicht aber die totale Verletztheit. Wieder gilt: Wenn beim Erwachsenen heftige Gefühle auftreten, die »eigentlich« der Situation nicht angemessen sind, handelt es sich um Gefühle, die in der Kindheit oder in der Familie ihre Wurzel haben.

Im Gespräch mit Herrn Fink geht es deshalb zunächst um die Suche nach den Wurzeln dieses Gefühls. Was regt ihn denn am meisten an dieser Situation auf? »Die Ungerechtigkeit«, kommt es heftig und spontan. »Ungerechtigkeit hat mich schon als Kind und Jugendlicher aufgeregt.«

Der erste Blick richtet sich zur Kindheit und zu den Eltern. Kennt er die Empörung über Ungerechtigkeit aus irgendwelchen gravierenden Situationen? Ist ein Geschwister ihm immer wieder krass vorgezogen worden? Oder ist er z. B. zu Unrecht der Schule verwiesen worden? Nein, nichts dergleichen ist geschehen.

Wenn keine Geschehnisse in der Kindheit ursächlich zu sein scheinen, dann geht der Blick weiter in die Familiengeschichte. Gibt es hier jemand, der ungerecht behandelt worden ist? Unvermittelt fällt Herrn Fink sein Großvater ein. Der hatte im Dritten Reich ein Geschäft. Weil er sich gegenüber Hitler kritisch geäußert hatte, wurden ihm zunächst die Scheiben eingeworfen, dann so lange Hetzparolen an die Wände geschmiert, bis die letzten Kunden zur Konkurrenz übergewandert waren. Damit war das Geschäft pleite und der Großvater musste eine Arbeit als Lagerarbeiter annehmen, damit die Familie überleben konnte. Der Großvater war enttäuscht, empört und verletzt. Er war über diese Schmach und Ungerechtigkeit nie mehr ganz hinweggekommen.

Wird der Zorn von Herr Fink also noch von der Empörung des Großvaters gespeist? Für Herrn Fink macht diese Sichtweise sofort Sinn. »Ich habe immer extrem heftig auf Ungerechtigkeit reagiert«, meint er. »Und meinen Großvater habe ich sehr geliebt.«

Ihm wird klar, dass er in der Klinik so reagiert hat, als ob das Verhalten seines Chefarztes so schändlich gewesen wäre wie der damalige Boykott seines Großvaters. Das Gefühl der Vergangenheit, dass eine schlimme Ungerechtigkeit vorgefallen ist, hat seinen Blick für die Gegenwart getrübt. Wenn in einer Familie etwas Schlimmes geschehen ist, tun sich die Nachkommen manchmal noch mehrere Generationen lang schwer, die Gegenwart klar zu sehen.

In solchen Situationen hilft es selten, den anderen auf die Realität zu verweisen. Denn das Gefühl ist so stark und scheint so berechtigt. Wenn allerdings erkannt wird, wo dieses früher wirklich berechtigt war, löst sich etwas von dem Bann, in den es den Betroffenen schlägt.

Nach Erkenntnis dieser Zusammenhänge ist es so, als ob

Herr Fink aus einem Traum erwacht. Er fühlt sich plötzlich freier, kann die gesamte Situation mit anderen Augen sehen, ja, es kehrt sogar etwas von seinem Humor zurück.

In der Woche darauf führt er jetzt ohne die vorher überschießenden Gefühle ein klärendes Gespräch mit seinem Chefarzt. Dabei äußert er seinen Unmut und kommt zu einer Absprache mit seinem Vorgesetzten, die die Kompetenzen von Psychologen und Ärzten für die Zukunft zur beiderseitigen Zufriedenheit klärt.

## Was es braucht, um Autoritäten auf Augenhöhe zu begegnen

Autoritäten auf Augenhöhe begegnen bedeutet nicht Widerspruch oder Rebellion, sondern den angemessenen Umgang mit der Situation und der Person. Wer Autoritäten nur als Mitmenschen mit einer bestimmten Rolle und Aufgabe sieht, der begegnet ihnen wie von selbst auf Augenhöhe.

Der Vorgesetzte weist auf einen Fehler hin. Der Mitarbeiter reagiert weder unterwürfig noch trotzig, sondern nimmt den Hinweis ernst und geht auf den Vorwurf ein. Wenn ihm der Fehler unterlaufen ist, dann kann er das zugeben. Wenn es ein Missverständnis war, dann kann er es ohne große innere Erregung richtigstellen.

Der erste Schritt in diese Richtung ist es, sich klar zu werden, wann ein Gefühl unangemessen für eine Situation ist. Das ist gar nicht immer so leicht. Frau Roth und Herr Fink gingen zunächst wie selbstverständlich davon aus, dass ihre Gefühle berechtigt waren. Auch Herr Kronach war sich sicher, dass seine Kritik am Vorgesetzten objektiv war.

Gefühle haben eine so starke Kraft, dass es einen inneren Abstand braucht, um zu überprüfen: Ist mein Gefühl angemessen? Wer sich darüber selber nicht klar werden kann, tut gut daran, sich bei neutralen Außenstehenden zu vergewissern. Manchmal allerdings schlagen sich Partner und Freunde ganz automatisch auf die Seite des Verletzten. Solche Bündnistreue ist hier aber nicht hilfreich.

Wer ein unangemessenes Gefühl erkennt, der sollte sich auf die Suche machen, wohin dieses Gefühl ursprünglich gehört. Mit wem wird die Autorität verwechselt? Der erste Blick wird immer zu den Eltern gehen. Manchmal sind es auch Lehrer, die eine große Bedeutung für Kinder hatten. Oder es taucht ein Großvater, Onkel oder Nachbar auf.

Zwei Bilder haben sich überlagert. Da ist z. B. das Bild des Vaters über das des Chefs gerutscht. Jetzt gilt es, die zwei Bilder wieder voneinander zu trennen. Manchmal ist es hilfreich, sich tatsächlich den Vater und den Chef in zwei Bildern nebeneinander mit einigem Abstand vorzustellen. Dann schaut man ein paarmal hin und her zwischen den beiden, um Unterschiede und vor allem Gemeinsamkeiten zu entdecken.

Beim Blick zum Vater dürfen alle kindlichen Gefühle da sein, die noch in der Tiefe schlummern, seien es Angst, Enttäuschung, Schmerz, Wut oder Liebe. Jeder trägt noch solche Gefühle mit sich herum, ob er nun will oder nicht. Sie zu spüren und anzunehmen, befreit. Sie hören dann allmählich auf, in unpassenden Situationen dazwischenzufunken.

Wer dann anschließend zum Bild des Vorgesetzten schaut, der sieht ihn mit neuen Augen. Er hat die »Vaterbrille« abgenommen, die bisher die klare Sicht auf seinen Vorgesetzten versperrt hat. Sein Vorgesetzter wird jetzt zum normalen, ebenbürtigen Mitmensch mit all den dazugehörigen Stärken und Schwächen in seiner beruflichen Rolle und Aufgabe – mehr nicht. Diesem Menschen kann man jetzt entspannt und sachlich auf Augenhöhe begegnen.

Manchmal genügt es nicht, die Verwechslung zu erkennen. Die alten kindlichen Gefühle bleiben. Die Altlast aus der ungeklärten Elternbeziehung ist noch zu groß. Dann braucht es eine tiefergehende Klärung des Verhältnisses zu den Eltern.

# Als Führungskraft die volle Kraft zum Führen finden

Eine Seminarreihe zum Thema Coaching für Nachwuchsführungskräfte vor über einem Jahrzehnt führte zu einem Ergebnis, das mich überraschte. Zunächst sammelte ich die Themen, die den Teilnehmern auf den Nägeln brannten. Für die jungen Führungskräfte stellten Zuhören und Unterstützen der Mitarbeiter kaum ein Problem dar. Hier fühlten sie sich relativ sicher. Ihre Schwierigkeiten waren stattdessen: »Wie kann ich klar führen? Wie ziehe ich Grenzen? Wann muss ich das tun?« Damit hatte ich nicht gerechnet.

Ihre Schwierigkeiten spiegeln ein Dilemma der Führungskraft von heute wider. Führen ist zum wackeligen Balanceakt zwischen Widersprüchen geworden. Wer sich bemüht, »richtig« zu handeln, für den wird der innere Zweifel zum ständigen Begleiter: Wann soll ich eher durchgreifend reagieren und wann eher verständnisvoll? Wann spontan aus dem Bauch handeln und wann nach dem Lehrbuch? Wann kooperativ den gemeinsamen Konsens suchen und wann als Leader »mir nach!« rufen? Wann die aktive »männliche« Seite aktivieren und wann die emotionale »weibliche«?

Zwar mag für viele das alte traditionelle Führungsmodell »Einer bestimmt, die anderen folgen« ein einengendes Korsett gewesen sein. Dennoch hatte es einen großen Vorteil. Die Rollen waren festgelegt, vorgegeben und wurden vorgelebt. Der Einzelne konnte sich daran orientieren und in ihnen Halt finden. Mitarbeiter, Kollegen und Vorgesetzte gingen von diesem Führungsverhalten aus und reagierten mit Selbstverständlichkeit darauf.

Diese alte Sicherheit ist vorbei. Mitarbeiter sind sensibler und anspruchsvoller geworden. Es genügt nicht mehr, Anweisungen zu geben und zu kontrollieren. Die richtigen Kommunikationstechniken reichen nicht. Zwar lassen sich die Fähigkeiten einer erfolgreichen Führungskraft schulen und trainieren. Seminare vermitteln den angemessenen Ton, die passende Wortwahl und das gute Zuhören. Je mehr jemand solche Fertigkeiten beherrscht, desto wirksamer wird er. Und doch ist es nicht genug! Führen erfordert mehr als ein bestimmtes Verhalten.

Man denke nur zurück an seine Schulzeit und die einzelnen Lehrerinnen und Lehrer. Wer davon war eine gute Führungskraft? Und wer nicht? Ließ sich das allein am Verhalten festmachen? Kaum. Kinder spüren die feinen Unterschiede zwischen echter und aufgesetzter Autorität. Sie reagieren direkt und unmittelbar darauf. Da gab es den einen Lehrer, der seine Klasse allein durch sein Mienenspiel im Griff hatte. Und dann gab es den anderen, der trotz seines Versuchs, autoritär aufzutreten, von keinem ernst genommen wurde. Er konnte schreien und drohen – und erntete nur Verachtung. Kinder in der Schule reagieren direkter und unverhüllter als Erwachsene. Ihre Reaktionen sind ein schonungsloses, manchmal sogar grausames Feedback. Aber es ist ehrlich.

Mitarbeiter reagieren genauso sensibel. Natürlich ist die Rückmeldung nicht so unverhüllt wie in der Schule, weil Erwachsene am Arbeitsplatz vorsichtiger auftreten als die Schüler im Klassenzimmer. Und natürlich bestimmen noch viele andere Faktoren das Klima am Arbeitsplatz und das Ergebnis mit. Aber das Feedback für die Führungsqualitäten des Vorgesetzten sind die Leistungsbereitschaft und der Einsatz der Mitarbeiter. Dieses Feedback ist genauso ehrlich wie damals das in der Schule. Und Mitarbeiter lassen einen Vorgesetzten, den sie nicht für voll nehmen, genauso auflaufen, nur etwas versteckter.

Erfolgreiches Führen braucht eine echte, selbstverständliche Autorität. Dieser liegen vier wesentliche Voraussetzungen zugrunde. Die ersten drei Bedingungen hängen unmittelbar mit dem zusammen, was jemand aus seiner Familie mitbringt. Zunächst möchte ich diese kurz beschreiben, bevor der familiäre Hintergrund in den Beispielen sichtbar wird.

Die Voraussetzungen erfolgreicher Führung sind

➡     Kontakt mit der eigenen Kraft
Führen hat etwas mit Stärke zu tun. Wer schwach ist, kann nicht führen. Je mehr jemand in Kontakt mit der eigenen Kraft steht, desto leichter fällt es ihm, als »Führungs-Kraft« zu führen. Sie ist ursprünglich eine Stärke, die »aus dem Bauch« heraus kommt. Als natürliche Autorität ist sie nicht aufgesetzt, sondern selbstverständlich. Je mehr diese Führungs-Kraft vorhanden ist, desto klarer ist ihr Gebrauch.

Sie ist deshalb so wichtig, weil es immer weniger möglich ist, durch den fachlichen Vorsprung zu dominieren. In der heutigen Zeit steckt der junge Spezialist auf seinem Sachgebiet den Vorgesetzten wissensmäßig jederzeit in die Tasche. Das reine Pochen auf Autorität hat da wenig Durchsetzungskraft. Oft wirkt es sich fatal aus. Die heutigen Mitarbeiter brauchen Freiräume und Eigenverantwortung. Vorgesetzte brauchen die innere Stärke, ihnen diesen Raum zu gewähren.

➡     Positive Haltung zu Menschen
Wer dauerhaft erfolgreich Mitarbeiter führen will, braucht eine positive Grundhaltung zu Menschen. Er vertraut Menschen grundsätzlich. Er weiß, dass Mitarbeiter sich engagie-

ren, wenn sie sich gesehen und unterstützt fühlen. Ein Ausdruck davon ist eine gewisse Fürsorge dem einzelnen Mitarbeiter gegenüber.

Natürlich gibt es immer wieder auch gegenteilige Beispiele. Da erzielt jemand kurzfristig mit Menschenverachtung, mit Druck und Angst große Erfolge. Langfristig wird aber der eigene Erfolg unterminiert. Auf Dauer verlieren die Mitarbeiter Loyalität, freiwilliges Engagement und Kreativität. Aber auf diese Eigenschaften ist heute langfristig der geizigste Discounter genauso wie ein modernes Riesenunternehmen angewiesen.

Gerade wenn jemand ein Unternehmen oder eine Abteilung aus der vertrauten Komfortzone in Neuland führen will, hilft diese positive Haltung enorm.

⊳    Die Aufgabe im Blick haben
Wer Verantwortung trägt, kann nicht nur auf die Mitarbeiter schauen, sondern muss auch das Ergebnis im Blick haben. Daraus erwächst auch ein gewisser Abstand zu den Mitarbeitern. Wer unbedingt gemocht werden will, kann schlecht führen. Er setzt seine Verantwortung im Dienste seiner Aufgabe ein. Die eigenen persönlichen Bedürfnisse nach Anerkennung und Bedeutung treten demgegenüber in den Hintergrund. Erst aus diesem sachlichen Abstand erwächst die Klarheit, die es ermöglicht, das ganze Unternehmen und die jeweilige Aufgabe im Blick zu haben.

Der persönliche Ehrgeiz ist zwar ein natürlicher menschlicher Antrieb, um Großes zu leisten. Wenn allerdings der eigene Status die wichtigste Triebfeder ist, dann fehlt etwas Entscheidendes. Um Zukunft gestalten zu können, muss sich jemand in den Dienst einer Sache, einer Idee oder eines übergreifenden gemeinsamen Zieles stellen.

☐→    Fachliche Kompetenz
_____

Fachliche Kompetenz steht am Anfang und am Schluss der Rolle als Führungskraft. Allerdings hat hier in den letzten Jahrzehnten ein entscheidender Wandel stattgefunden. Früher war derjenige mit der größten fachlichen Kompetenz automatisch die beste Führungskraft. Dieser Vorsprung an Wissen hat ganz selbstverständlich die Autorität als Führungskraft gespeist. Diese Quelle wird heute immer unbedeutender. Je vielfältiger und komplizierter die Aufgaben werden, desto unwahrscheinlicher ist es, dass eine einzige Person das gesamte notwendige Wissen beherrscht.

Die fachliche Kompetenz der modernen Führungskraft besteht oft darin, wesentliche Zusammenhänge eines Sachgebietes schnell zu erfassen und den Überblick zu bekommen. Daraus entwickelt sie Ziele, die sie flexibel handhabt. Sie versteht es, das Wissen der Mitarbeiter zu nutzen und deren Engagement hervorzulocken und zu stärken. So findet sie das richtige Maß, auf der einen Seite Aufgaben und Verantwortung zu delegieren und auf der anderen Seite die notwendigen Impulse zu setzen.

Deshalb können heute Wirtschaftsführer von einer Sparte zur anderen wechseln und sind auch im neuen Sachgebiet erfolgreich. Politikern fällt ein Ministeramt zu von einem Sachgebiet, das ihnen wenig vertraut ist. Den Fähigen gelingt es in einem überschaubaren Zeitraum, sich das Wichtigste zu erarbeiten, die Zusammenhänge zu verstehen und dann gemeinsam mit den Mitarbeitern zu handeln.

Aber um diese neue Form der Kompetenz zu erwerben und zu leben, sind die ersten drei hier aufgeführten Faktoren, der Kontakt mit der eigenen Kraft, die positive Haltung zu Menschen und der Blick auf die Aufgabe notwendiger, als sie es früher waren.

# Der verlachte Vorgesetzte oder
# warum Führungsstärke fehlen kann

*Herr Robertus ist vor einem halben Jahr befördert worden und trägt jetzt Verantwortung für sieben Mitarbeiter. Er bemüht sich sehr um einen kollegialen Führungsstil. Sein Vorgänger sei da ganz anders gewesen, erwähnt er. Er hingegen möchte — so formuliert er es ganz nach Lehrbuch — das Potenzial seiner Mitarbeiter wecken und nutzen. Allerdings droht er, mit diesem Stil zu scheitern, und sucht deshalb Unterstützung. »Meine Mitarbeiter nutzen meine Gutmütigkeit nur aus und tanzen mir auf der Nase herum. Ich fühle mich überhaupt nicht richtig ernst genommen«, beklagt er sich. Jüngst hat er ein Pausengespräch seiner Mitarbeiter mitbekommen, bei dem sie ihn und seine Art nachspielten und sich köstlich darüber amüsierten.*

Die Absichten von Herrn Robertus sind lobenswert. Die alte autoritäre Art der Führung ist überholt und demotiviert Mitarbeiter heute nur. Herr Robertus versucht, die Mitglieder seiner Abteilung einzubeziehen und ihnen gerecht zu werden. Aber dennoch hat er keinen Erfolg. Was läuft schief? Hat er vielleicht ein zu gutes Herz? Oder fehlt es ihm nur an praktischer Führungserfahrung? Vielleicht würden ein paar gute Seminare ihm den nötigen Biss geben!

Schulungen sind nie verkehrt. Gute Führungstrainings bringen jemanden auf den Boden der Tatsachen und konfrontieren ihn mit dem eigenen Auftreten und seinen Wirkungen. Herr Robertus würde in solchen Seminaren Feedback für das eigene Verhalten bekommen und die Reaktionen seiner Mitarbeiter besser verstehen lernen. Gleichzeitig würde er wertvolle Anregungen für Veränderungen erhalten.

Oft genügt das. Aber mitunter liegen die Wurzeln des eigenen Verhaltens so tief, dass es nicht genügt, nur anders aufzutreten. Dann wirkt selbst ein an und für sich richtiges Verhalten aufgesetzt und künstlich. Die Mitarbeiter spüren das und reagieren auf das Unechte. Wenn Herr Robertus kollegial auftritt, dann wirkt irgendetwas falsch und gespielt. Kein Wunder, dass die Mitarbeiter sich darüber lustig machen!

Wie findet Herr Robertus eine gute Form der Autorität? Das, was jemand in seiner Kindheit erfahren hat, kann er später auch gut weitergeben. Die Autorität, die jemand selbst erlebt hat, steht ihm später zur Verfügung. Deswegen ist der Blick zum familiären Hintergrund erhellend.

Herr Robertus ist bei seiner Mutter ohne den Vater aufgewachsen. Kurz nach der Geburt wurde die Ehe geschieden. Der geschiedene Vater kümmerte sich in unregelmäßigen Abständen um den Sohn. Die Mutter heiratete später ein zweites Mal. Sie wollte ihre zweite Ehe nicht gestört sehen und verhielt sich so, dass der erste Mann den Kontakt abbrach. Er galt dann als unzuverlässig und war kein Thema mehr in der Familie. Erst später hatte der Sohn wieder sporadisch Kontakt mit seinem Vater. Zu seinem Stiefvater entwickelte er nie ein gutes Verhältnis, vor allem nachdem das Paar einen zweiten gemeinsamen Sohn bekam.

Wer ein gutes geklärtes Verhältnis zu den ersten Autoritäten in seinem Leben hat, tut sich leicht, wie selbstverständlich eine gelassene Autorität zu entwickeln. Dabei ist für einen Mann insbesondere das Verhältnis zum Vater wichtig. Der Vater hat die Funktion des Vorbilds, dem der Junge folgen kann. Damit findet ein Sohn Selbstvertrauen und kommt mehr in Kontakt mit seiner eigenen Kraft. Es ist diese Kraft, die man dann später als Führungskraft braucht.

Im vorherigen Kapitel wurde gezeigt, wie die verkrampfte Haltung gegenüber Autoritäten auf Themen hinweist, die aus der eigenen Kindheit stammen. Häufige Konflikte mit Autoritäten und eigene Führungsschwäche gehen meist Hand in Hand. Wer mit denen, die in seinen Augen über ihm stehen, nicht klarkommt, wird, wenn er eine höhere Position erreicht hat, umgekehrt nicht mit denen klarkommen, die in seinen Augen unter ihm stehen. Ähnliche familiäre Themen stehen im Hintergrund. Es ist wie eine Münze mit ihren zwei Seiten, die zusammengehören.

Ohne die Erfahrung einer guten männlichen Autorität in seiner Familie tut Herr Robertus sich also schwer, diese gegenüber seinen Mitarbeitern einzunehmen. Absichten und Worte allein genügen nicht. Die Wurzel reicht tief in seine Kindheit hinein. Und deshalb ist sie so stark und einflussreich.

Hat Herr Robertus also Pech gehabt? Kann er mit diesen Kindheitserinnerungen einfach kein guter Chef mehr werden? Diese Vorstellung greift zu kurz. Erinnerungen sind Bilder aus der Vergangenheit, an denen wir hängen. Dabei gab es eine Unzahl unterschiedlichster Bilder und Erfahrungen. Nicht alle davon werden verarbeitet, sondern nur eine bestimmte Art herausgegriffen und die werden dann zu Überzeugungen.

So ist das Bild einseitig, das Herr Robertus von seinem Vater hat. Es ist hauptsächlich die Sicht der enttäuschten Mutter, zu deren Verbündeten der Sohn geworden ist. Erst wenn er sich von dieser einseitigen Parteinahme löst, erkennt er die Qualitäten, Stärken und Verdienste seines Vaters. Und auch Schwächen und Fehler kann er dann anders, nämlich mit mehr Verständnis sehen.

Zwar hat er seinen Vater auch persönlich kennengelernt, aber bei den Begegnungen war er so geprägt von der Haltung seiner Mutter, dass sein Vater eigentlich keine Chance hatte. Die Loyalität zu seiner Mutter war stärker.

Erinnerungen sind plastisch. Sie lassen sich erweitern, verändern oder grundsätzlich umgestalten. Für Herrn Robertus geht es zunächst darum, zu einem eigenständigen und vollständigeren Bild von seinem Vater zu kommen. Dann kommt der nächste Schritt. Wie schon gesagt: Kinder lieben ihre Eltern. Je mehr Herr Robertus diese versteckte Liebe in sich wiederfindet, desto mehr kommt er auch in Kontakt mit seiner eigenen Kraft. Das ist die Stärke, die ihm dann hilft, klarer und kraftvoller zu führen.

## Der Schock durch das Mitarbeiterfeedback oder über die positive Haltung zu Menschen

*Herr Gruninger sucht Hilfe. Er ist schockiert von dem Ergebnis einer Mitarbeiterbefragung, bei dem diese anonym ihren Vorgesetzten Feedback gegeben hatten. Seine Mitarbeiter stuften ihn durchwegs als unfreundlich, distanziert, ja »kalt« ein.*

*Herr Gruninger hatte bis dahin die Vorstellung von sich, er sei ein zugewandter, wohlwollender und unterstützender Vorgesetzter. So erlebt er sich selbst. »Dass ich nicht der Herzlichste bin, das weiß ich schon. Und von Lobhudeleien halte ich nun mal gar nichts.« Das kann er schon zugeben. Aber dass er so unangenehm wirkt, hat ihn erschüttert.*

Herr Gruninger spürt innerlich Wohlwollen gegenüber seinen Mitarbeitern. Und dennoch erreicht er sie damit nicht. Die Haltung verpufft. Damit sie Wirkung entfaltet, braucht es ein konkretes Verhalten, das wahrgenommen wird. Herr Gruninger könnte auch ein Menschenfeind sein und seine Mitarbeiter würden ihn ähnlich beschreiben. Was jemand von sich glaubt, ist nicht entscheidend. Viel wichtiger ist das, was er anderen vermittelt und ausstrahlt. Auch wenn Herr Gruninger von seiner positiven Haltung überzeugt ist, so gibt es anscheinend noch eine andere Seite in ihm, die er nach außen zeigt. Auf diese andere Seite reagieren seine Mitarbeiter.

Abgesehen von den biologischen Anlagen, die jemand mitbringt, werden die Grundlagen, wie er gegenüber Menschen fühlt, in der frühen Kindheit gelegt. Die frühen Erfahrungen entscheiden mit, ob jemand später freundlich oder unfreundlich ist, ob er Menschen grundsätzlich vertraut oder misstraut.

Was sind die frühen Erfahrungen von Herrn Gruninger? Er ist als Baby adoptiert worden. Von seinen leiblichen Eltern weiß er nichts, außer dass seine Mutter erst 16 Jahre alt war und ihn direkt nach seiner Geburt zur Adoption freigegeben hatte. Seine Adoptiveltern konnten keine Kinder bekommen und hatten eine große Freude daran, endlich doch Nachwuchs aufzuziehen. Sie behandelten ihn wie ihr eigenes Kind.

Als er 10 Jahre alt war, erfuhr er zufällig durch eine Tante, dass er nicht das leibliche Kind war. Die Adoptiveltern waren zudem vermögend und als Kind fehlte es Herrn Gruninger an nichts. Er selbst spricht nur mit Zuneigung und Hochachtung von ihnen. »Ihnen verdanke ich meine geborgene und glückliche Kindheit«, meint er.

Eigentlich hat Herr Gruninger Glück gehabt. Wahrscheinlich ging es ihm besser, als wenn er bei den leiblichen Eltern aufgewachsen wäre. Er hatte liebevolle Adoptiveltern, die ganz und gar für ihn da waren. Wenige seiner Altersgenossen haben Eltern, die ihrem Kind eine solche Aufmerksamkeit und Sorge zukommen lassen. Ganz abgesehen vom Wohlstand, den er erlebte. Wer könnte bessere Voraussetzungen als er haben, ein positives Bild von Menschen zu entwickeln!

Das ist richtig — und doch ist es nur eine Seite. Ein Kind wächst neun Monate im Bauch der Mutter auf. Mehr Nähe und Gemeinsamkeit sind nicht vorstellbar. Wenn das Baby von der Mutter getrennt wird, ist diese ursprüngliche Beziehung unterbrochen. Etwas Gravierendes fehlt in der ersten Zeit, selbst wenn eine andere Frau dieses Baby liebevoll berührt und hält.

Kinder haben eine feine Wahrnehmung mit Antennen für

alles, was nicht stimmig ist. Sie können es vielleicht nicht in Worte fassen, aber mit dem Körper nehmen sie alle Spannungen und atmosphärischen Schwingungen in ihrer Umgebung auf. Herr Gruninger ist mit einer Lüge aufgewachsen, weil seine Adoptiveltern ihm die Adoption verheimlicht haben. Auch wenn er es nie hätte formulieren können, spürbar war für ihn, dass etwas nicht ganz stimmt. Das bedeutet für ihn, immer ein Stück auf der Hut zu sein. Vertrauen erfordert aber Entspannung.

Darüber hinaus haben fast alle Menschen ein enormes Bedürfnis, ihre Eltern zu kennen und zu wissen, woher sie kommen und zu wem sie ursprünglich gehörten. Sogar künstlich gezeugte Kinder sind auf der Suche nach dem Samenspender, der ihr Vater ist. Ralf Hoppe berichtet im »Spiegel« in einer anrührenden Reportage von einer jungen Amerikanerin, durch eine Samenspende gezeugt, die sich mit 22 Jahren aufmacht, ihren biologischen Vater zu finden. Wie sie die Fotos der Jahrgangsbücher des medizinischen Colleges studiert, von dem die Samenspender damals akquiriert worden waren. Wie sie ein Bild entdeckt, bei dem sie sagt: Das ist mein Vater. Sie ruft ihn voller Angst an und zittert, als er sie am Telefon anschreit, er wolle in Ruhe gelassen werden und sie mit der Polizei bedroht. Sie fährt 1100 Meilen zu seiner Wohnung. Ihr öffnet seine Ehefrau die Tür und lächelt sie plötzlich an, weil sie ihrer Tochter aufs Haar gleicht. Ihr Vater hat sich in der Zeit in seinem Arbeitszimmer verbarrikadiert. Nach einer halben Stunde kann sie nicht mehr und fährt dann weinend, ohne ihren Vater gesehen zu haben, wieder 1100 Meilen zurück.

Als Herr Gruninger 10 Jahre alt war, erfuhr er von seiner Adoption. Ganz natürlich stieg die Sehnsucht auf, mehr von seinen leiblichen Eltern zu erfahren. Den Adoptiveltern war das damals allerdings sehr unangenehm. Sie hatten sich selbst immer mehr vorgemacht, sie seien die tatsächlichen Eltern. Ihnen war die Tatsache lästig und unerwünscht, dass da irgendwo noch die natürlichen Eltern existierten.

Herr Gruninger als Adoptivkind geriet dadurch in einen Konflikt. Auf der einen Seite war das Bedürfnis nach den leiblichen Eltern, nach dem Apfelbaum, von dem er ursprünglich stammte. Auf der anderen Seite gab es einen Baum, auf dem er aufgepfropft war und groß werden durfte. Zwei Loyalitäten gerieten in Widerstreit.

Weil er die Adoptiveltern nicht verletzen wollte, vermied er es, eindringlicher nach seinen Eltern zu fragen. Er spürte, wie unangenehm dieses Thema seinen Adoptiveltern war. Deshalb versuchte er, alles zu vergessen. Dafür musste er sich ein Stück weit von seinen ursprünglichen Bedürfnissen und Gefühlen distanzieren.

Diese innere Spaltung erklärt, warum das Bild, das seine Mitarbeiter von ihm haben, so sehr von dem abweicht, das er selbst von sich hat. Er hat eine unsichtbare Schutzschicht um sich gezogen, so wie er eine innere Schutzschicht entwickelt hat, um nicht mit der Sehnsucht nach seinen leiblichen Eltern in Kontakt zu kommen. Das ist die Seite an Herrn Gruninger, die seine Mitarbeiter mitbekommen. Für ihn selbst ist sie ein so selbstverständlicher Teil seines Wesens, dass er sie gar nicht mehr bewusst wahrnimmt.

Damit Herr Gruninger offener zu seinen Mitarbeitern werden kann, muss er zunächst offener zu sich selbst werden. Es braucht im Coaching einige Gespräche, in denen er sich allmählich die alten, lang verdrängten Gefühle eingesteht. Er erlaubt sich die Sehnsucht nach seinen leiblichen Eltern und unternimmt erste Schritte, mehr von ihnen zu erfahren. Gleichzeitig bleibt er in gutem Kontakt mit seinen Adoptiveltern, die allmählich seine Not mehr begreifen und anfangen, ihn bei der Suche zu unterstützen.

So heilt langsam, was er als unsichtbare Wunde mit sich herumgetragen hat. Die Schutzschicht, die er deshalb um sich gezogen hatte, wird nicht mehr gebraucht. Das macht es ihm dann leichter, auch gegenüber den Mitarbeitern offener und freundlicher zu werden.

# Der widerwillige Chef im Versicherungsbüro oder was die Führungsrolle erfordert

*Für die zehn Mitarbeiter eines Versicherungsbüros ist ein zweitägiges Seminar geplant, um die Kommunikation untereinander zu verbessern. Weil das Thema so wichtig ist, nimmt der Inhaber, Herr Pauli, auch persönlich daran teil. Eigentlich herrscht ein gutes und freundliches Arbeitsklima. Nur die Abstimmung der Arbeitsabläufe klappt einfach nicht. Irgendwie scheint Sand im Getriebe zu sein. Zunächst scheuen sich die Mitarbeiter, in Anwesenheit ihres Arbeitgebers frei zu reden. Als sie sich sicherer fühlen, fangen sie an auszupacken. Sie wollen mehr Klarheit und Führung, beschweren sie sich. Herr Pauli selber ist sehr überrascht, als er das erfährt. Er findet, dass alle gleichwertige Teile dieses kleinen Unternehmens seien. Ihm widerstrebt es, die traditionelle Führungsrolle zu leben. »Das ist noch nie mein Stil gewesen und das wird er auch nicht werden«, bekräftigt er abschließend.*
*Etwas an diesem Thema beschäftigt ihn jedoch weiter, sodass er anschließend zum Einzelcoaching kommt. Er fragt sich, inwieweit ein Teil der Störungen durch sein Verhalten verursacht wird.*

Wer als Vorgesetzter seine Mitarbeiter als gleichwertig sieht, der fördert damit ein gutes Arbeitsklima. Denn wer sich an seinem Arbeitsplatz gesehen und geachtet fühlt, der engagiert sich gern. Trotz einer grundsätzlichen Gleichwertigkeit gibt es aber unterschiedliche Verantwortlichkeiten in einem Betrieb und einer Organisation. Sie sind die Grundlage der Zusammenarbeit.

Die Mitarbeiterinnen und Mitarbeiter im Versicherungsbüro sind angestellt. Sie erhalten jeden Monat ein festes Gehalt. Dafür leisten sie in der vereinbarten Arbeitszeit die vereinbarte Tätigkeit. Wenn sie eine bessere Arbeitsstelle finden oder sonst aus einem anderen Grund die Arbeit beenden wollen, kündigen sie.

Herr Pauli ist der für das ganze Büro Verantwortliche. Er steckt den Gewinn ein, trägt gleichzeitig aber auch das Risiko. Bleiben die Aufträge aus, ist er irgendwann bankrott. Darüber hinaus hat er die Mitarbeiter angestellt. Erfüllen sie die Anforderungen nicht, kann er sie auch wieder entlassen.

Wenn es also Entscheidungen gibt, die für die Zukunft des Büros Bedeutung haben, dann wird letztendlich er aufgrund seiner Verantwortung zu entscheiden haben. Mehrheitsbeschlüsse z. B. haben hier keinen Platz. Denn würde aufgrund eines solchen Beschlusses das Büro untergehen, könnten die Mitarbeiter ihren Arbeitsplatz einfach hinter sich lassen, während Herr Pauli auf den Scherben und Schulden sitzen bliebe.

Werden solche Tatsachen »vernebelt«, dann entsteht eine seltsame Atmosphäre. Jeder weiß um die Realität. Aber alle tun so, als ob sie nicht bestünde. Wie von allein entstehen Störungen in einem Betrieb. Deshalb wäre es für alle Angestellten erleichternd, wenn Herr Pauli seinen Platz als Vorgesetzter klar einnähme. Das heißt nicht, dass er ständig kontrollierend und mit Anweisungen durch die Firma läuft. Er kann genauso wertschätzend und freundlich wie bisher mit seinen Mitarbeitern umgehen. Diese Seite schätzen sie auch sehr an ihm. Aber er sollte nicht so tun, als sei er nur ein Teil eines Teams, das gemeinsam entscheidet.

Ein Chef braucht ein Stück inneren Abstand zu den Mitarbeitern. Wer zu dicht bei ihnen steht und ganz und gar dazugehören will, verunsichert die Mitarbeiter. Wer als Vorgesetzter zu wenig inneren Abstand zu seinen Mitarbeitern hat, ist zu empfindlich gegenüber ihrer Kritik. Denn eigentlich möchte er gemocht werden. Wer bedürftig nach Anerkennung ist, dem fällt es schwer, Anweisungen, die Mitarbeitern unangenehm sind, durchzusetzen.

Eine extreme Ausformung davon sind Politiker, die, wenn sie von der Bevölkerung vielleicht auch nicht gemocht, so denn doch gewählt werden wollen. Ihre Distanz wird dank der modernen Meinungsforschung, die täglich Reaktionen des Wahlvolks auf ihre Vorschläge melden kann, immer kleiner. Die innere Abhängigkeit wird bei vielen von ihnen, so sieht es wenigstens aus, immer größer.

Aber woher kommt der Widerwille von Herrn Pauli, diese seine Rolle anzunehmen? Je grundlegender eine Haltung ist, desto eher lohnt es sich, nach dem familiären Hintergrund zu schauen.

Herr Pauli ist als jüngstes von vier Geschwistern aufgewachsen. Der Vater war ein rechter Tyrann gewesen. Er war sehr cholerisch, brauste schnell auf, schlug die Kinder und wurde sogar handgreiflich gegenüber seiner Frau. In der Familie herrschte stets eine vorsichtige, bisweilen gedrückte Atmosphäre, wenn er von seiner Arbeit nach Hause kam. Die Mutter traute sich nicht, sich auf einen offenen Konflikt mit ihrem Mann einzulassen. Aber sie sorgte in seiner Abwesenheit sehr liebevoll für eine gute Atmosphäre. Herr Pauli schätzt seine Mutter sehr und lehnt seinen Vater ab. Er berichtet von seiner Kindheit: »Ich habe mir damals geschworen – so wie mein Vater werde ich auf keinen Fall!« Die Mutter ist sein großes Vorbild.

Jetzt wird auch seine Haltung im Büro verständlich. Wie seine Mutter sucht er eine gute Atmosphäre herzustellen – deswegen auch das Kommunikationsseminar. Klare Anweisungen zu geben scheut er sich, denn dann würde er anfangen, dem Vater mehr zu ähneln. Sein Dilemma ist: In seinem Kopf verbindet sich Autorität mit dem Bild seines tyrannischen Vaters. Die Vorstellung von männlichem Durchsetzungsvermögen ist gekoppelt mit den schlimmen Erinnerungen an den groben Vater.

Aber Tatsache ist, dass Herr Pauli nicht so werden muss wie sein Vater, um sein Büro klar zu leiten. Diese Idee muss er erst einmal gefühlsmäßig an sich heranlassen, was ihm zunächst schwerfällt. Denn seine Erinnerungen treten immer wieder dazwischen. Bislang haben sie ihn unbewusst blockiert. Indem er sich mit ihnen mehr auseinandersetzt, fängt er an, neue Vorstellungen zu entwickeln, wie eine klare Führung im Dienst seines kleinen Unternehmens aussehen kann. In einer Reihe von Gesprächen entwickelt er für konkrete Situationen einen anderen Führungsstil, mit dem er zu seiner Verantwortung steht.

Zwischendurch geht es auch um sein Verhältnis zum Vater. Denn diese Klärung erleichtert es ihm, die ihm angemessene Form des Führens zu finden. Was zu einer solchen Klärung gehört, findet sich im letzten Abschnitt dieses Kapitels.

## Exkurs: Führen in Deutschland und »der Führer«

Wenn es um Führen geht, dann geistert in Deutschland das Wort »Führer« herum. Dieses Wort ist heute immer noch tabu, dafür hat Adolf Hitler gesorgt. Von Anfang an versuchte er, den Begriff »Führer« ganz für sich allein zu reservieren, und das Wort ist auch heute noch mit ihm verknüpft. So äußert 2007 Altbundeskanzler Helmut Schmidt in einem »Spiegel«-Interview: »In der deutschen Sprache ist das Wort ›Führung‹ ein schwieriges Wort, weil es mit dem Substantiv ›Führer‹ und dem Verbum ›führen‹ zusammenhängt.«

Zwar liegen das Dritte Reich und der Zweite Weltkrieg schon fast ein ganzes Menschenleben zurück. Für die junge Generation ist es wie ein Mythos aus uralter Vergangenheit, der mit dem eigenen Leben nichts mehr zu tun hat. Und trotzdem sind diese Erfahrungen noch nicht bewältigt und verarbeitet. Jeder neue Jahrestag eines Ereignisses aus dieser Epoche zeigt, mit welcher Aufmerksamkeit zurückgeschaut wird, ganz gleich, ob es um Hitler selbst, um die Judenvernichtung, die Verbrechen der Wehrmacht oder um die Vertreibung der Deutschen geht.

Der amerikanische Managementberater Edward M. Gurowitz hat sich mit der Tabuisierung des Wortes »Führer« durch die Deutschen beschäftigt. Er ist Jude, der im Zweiten Weltkrieg mit dem Holocaust aufwuchs und nach 1992 in Deutschland eng mit deutschen und internationalen Unternehmen zusammenarbeitete.

Die kraftvollsten Formen des Stammworts »führen« sind, so stellt Gurowitz fest, im Nachkriegsdeutschland verschwunden. Nur harmlose, ungefährliche, politisch korrekte Abwandlungen sind geblieben. Führer wurden zu Führungskräften gemacht, das alte Wort »Leiter« wurde wiederbelebt und der englische Begriff Manager übernommen. Gurowitz findet das nicht harmlos, sondern dramatisch, weil es seiner Ansicht nach einen prägenden Einfluss auf deutsche Denkmuster und damit das Innovationsverhalten der Wirtschaft hat.

Denn, so meint er, Führerschaft ist mehr als eine Worthülse. Führerschaft ist die Basis jeder Innovation. Der Nationalsozialismus trieb eine Energie ins Extreme, diskreditierte ein Prinzip und ließ eine Nation vater- und führerlos zurück. Diese Sprachveränderung ist nicht unwichtig oder rein sprachlicher Natur, sondern hat auf deutsche Denkmuster einen tiefgehenden Einfluss. Wenn es keine Vorstandsführer gibt, sondern nur Vorstandsvorsitzende, macht das in den Haltungen einen Unterschied und erzeugt eine versteckte Schwächung von Führerschaft.

Gurowitz schreibt 1998 im »Manager Magazin«: »Es ist Zeit, dass Manager es wagen, Führer zu sein. Dazu gehört nicht nur, offen und frei über Führerschaft zu reden, sondern auch Führerschaft zu ergreifen.«

Immer wieder bin ich in meiner Arbeit auf Probleme gestoßen, die im Dritten Reich und im Zweiten Weltkrieg ihre Wurzeln haben. Im Dritten Reich wurde eine archaische Vorstellung vom dem, was es heißt »männlich« zu sein, bis auf ihre extreme und pervertierte Spitze getrieben. Es ging um Stärke und Kraft, Rücksichtslosigkeit und Brutalität. Schon Friedrich Nietzsche sprach von der arischen Eroberer- und Herren-Rasse und äußerte sich bewundernd über die blonde germanische Bestie, die er mit einem Raubtier vergleicht. Im Nationalsozialismus wurden dann solche von Nietzsche möglicherweise eher philosophisch gemeinte Sätze ernst genommen. Das führte zu einer absoluten Zielgerichtetheit, um die Vision des »Führers« zu verwirklichen, und gleichzeitig zu der idealistischen Opferbereitschaft, für das größere Ganze sein Leben hinzugeben. »Am deutschen Wesen wird die Welt genesen« – auf der Grundlage dieser Überzeugung entstanden bislang unvorstellbare Verbrechen, Krieg und eine enorme deutsche Schuld. Die Realität und die Opfer wurden von vielen lange Zeit ausgeblendet.

Von daher ist das instinktive Misstrauen verständlich, das bei den älteren Deutschen gegen jemanden besteht, der führen will. In deutschen Ohren klingt der Wahlkampfspruch von Barack Obama als Präsidentschaftskandidat naiv, »Yes, we can do it.« Denn es besteht immer noch eine Vorsicht vor kühnen Visionen, die Zeit des Größenwahnsinns ist noch nicht so lange vorbei.

Deutlich wird das auch an der in Deutschland weit größeren Angst vor Sekten, als das in anderen Ländern der Fall ist. Denn ein Guru könnte ja seine Schäfchen ver-»führen« wie damals Hitler die Deutschen. Charisma wird abgelehnt, die Erfahrungen des Dritten Reichs stecken noch tief in den deutschen Knochen.

Die deutschen Nachkommen haben erlebt, dass sich in dem Jahrzehnt vor 1945 durch die gnadenlose Vernichtung der Juden und anderer Gruppen ein ganzes Volk schuldig gemacht hat. Dabei gibt es Täter, die aktiv Schuld auf sich geladen haben, aber fast jeder hat durch sein Handeln oder bloßes Dasein in dieser Zeit ein Stück davon mitgetragen und so mitverursacht.

Eine ganze Generation von Vätern ist dadurch diskreditiert worden. Kinder können zu den Soldaten, die gebrochen als Verlierer aus dem Feld kamen und Teilhaber an einem mörderischen Regime waren, nicht mehr aufschauen. Ein ursprünglich unschuldiger Stolz auf die eigene männliche Kraft ist beschmutzt oder sogar gebrochen. Diese Kraft ist so missbraucht worden, dass nach wie vor Misstrauen ihr gegenüber besteht.

Die Augen verschließen hilft nicht, moralische Urteile helfen ebenfalls nicht. Den Kindern und Enkeln dieser Generation bleiben, so scheint es mir, wenige Alternativen. Entweder sie spüren die Verbindung mit ihren Eltern und sind loyal in ihren Gefühlen, die nach der Niederlage im Zweiten Weltkrieg und dem Zusammenbruch des Dritten Reichs aufkamen. Dann fühlen sie sich gleich den Eltern schuldig und tragen die Beschämung weiter. Kraftvolles kann nicht von ihnen erwartet werden. Dann ist es auch im Ausland einem Deutschen peinlich, Deutscher zu sein, und er freut sich, wenn man von ihm denkt, er sei Franzose oder Amerikaner. Am deutlichsten zeigt sich das in der Begegnung mit einem Juden. Da zeigt sich Befangenheit und Unsicherheit.

Oder sie grenzen sich von den Eltern ab, indem sie ihnen ihre Schuld vorwerfen. Das war das Kennzeichen der sogenannten 68er-Generation. Damit sprechen sie sich zwar von deren Schuld frei, werden aber gleichzeitig ein Stück wurzellos. Wer sich als Kind zum Richter über die Eltern macht, entfremdet sich von ihnen und verschließt sich damit all dem Guten, was aus ihrer Richtung kommen kann.

Oder sie grenzen sich nicht von ihren Eltern ab und sind loyal ihnen gegenüber, so wie es diese vor der Niederlage waren. Dann ziehen sie sich Springerstiefel an, scheren sich eine Glatze und trampeln Ausländer und andere Gruppen nieder. Sie werden ihren Vätern im Handeln und in der Schuld gleich, aber auch in der Kraft.

Herr Pauli mit seinem gewalttätigen Vater hat im Kleinen

das gleiche Dilemma, das nach wie vor die Generation der Kinder und Enkel in Deutschland hat. Wie kann ich die gute Kraft von den Eltern nehmen, ohne gleichzeitig ihre Schuld mit zu übernehmen?

Schließlich gibt es die Generation der Urenkel. Vermutlich ist es diese Generation, die als erste unbefangen zur deutschen Flagge während der Fußballweltmeisterschaft 2006 gegriffen hat. Sie ist zeitlich weit genug entfernt und scheint von den Gespenstern der Vergangenheit nicht mehr verfolgt zu sein.

## Wer mit den Eltern in Frieden kommt, stärkt die eigene Kraft

Die Beziehung zu den eigenen Eltern ist ein Faktor von vielen anderen, der einen Menschen zur Führungspersönlichkeit macht oder es verhindert. Aber es ist ein sehr wichtiger Faktor. Wie kann jemand sein ganzes Führungspotenzial auszuschöpfen? Er ist dann dazu am besten in der Lage, wenn er Spannungen im eigenen Inneren klärt. Grundlegende Spannungen entstammen oft aus der ungeklärten oder negativen Beziehung zu den eigenen Eltern.

Wer zu einer entspannten natürlichen Autorität finden will, muss in Kontakt mit seiner Führungskraft kommen. Führungskraft hat für Männer viel mit den männlichen Vorbildern zu tun und damit, wie diese ihre Autorität vorgelebt haben. An erster Stelle steht für Männer der Vater. Wer das Verhältnis zu seinem Vater klärt, stärkt seine eigene Kraft und Führungsfähigkeit. Etwas von einer inneren Spaltung löst sich auf. So kann er anders, entspannter und angemessener mit seinen Mitarbeitern umgehen.

Und weibliche Führungskräfte? Brauchen auch sie den Vater im Hintergrund? Es kommt darauf an. Wenn die Mutter z. B. Unternehmerin war, hat es die Tochter leichter, ähnliche Fähigkeiten auch in sich zu entwickeln. Solange es noch keine weiblichen Rollenvorbilder in einer Familie für berufliche Karriere gibt, haben Frauen es schwerer, weil sie nur auf den Vater zurückgreifen können. Gleichzeitig stärkt die geklärte Beziehung zur Mutter ihre weibliche Autorität auf eine natürliche Weise. Für Frauen sind Mutter und Vater als Modelle deshalb oft gleich wichtig.

Ich habe die Beobachtung gemacht, dass sogar die Haltung, die jemand gegenüber dem Leben hat, der Beziehung zu seinen Eltern entspricht. Wer frustriert ist vom Leben, ist auch frustriert von seinen Eltern. Wer gierig ist und immer mehr will, möchte eigentlich auch von seinen Eltern noch mehr, weil er nie das Gefühl hatte, genug bekommen zu haben. Wer froh und glücklich im Leben ist, ist seinen Eltern gegenüber dankbar.

Wird ein schlechtes Verhältnis zu den Eltern verbessert, kann damit Stärke freigesetzt werden, die bis dahin gebunden war. Ein innerer Zwiespalt kann aufhören und es können alle Kräfte gebündelt werden, um in eine gute Richtung zu gehen.

Mir steht hier immer der frühere Bundeskanzler Gerhard Schröder vor Augen, der vaterlos aufgewachsen ist. Was er unzweifelhaft besaß, war eine große kämpferische Kraft, die immer dann, wenn es Widerstand gab, aufblühte. Aber die gestalterische Kraft für die Zukunft, der kollegiale Umgang mit anderen fehlten ihm meiner Beobachtung nach.

So erleben Menschen wie Herr Gruninger, der bei seiner Mutter ohne den Vater aufgewachsen ist, oder Herr Pauli, der anders sein will als sein tyrannischer Vater, es als sehr befreiend, wenn sie die Beziehung zu ihrem Vater neu und besser gestalten können.

Ein erwachsenes, gutes, geklärtes Verhältnis von Kindern zu ihren Eltern sieht so aus, dass ein Kind abgenabelt den eigenen Weg geht und doch liebevoll verbunden ist. Nach dem Systemiker Klaus Mücke hat ein Kind dieses Reifestadium noch nicht erreicht, wenn es eine der vier folgenden Verhaltensweisen aufweist:

- ▸ wenn es all das tut, was die Eltern von ihm wollen oder wollten
- ▸ wenn es genau das Gegenteil davon tut
- ▸ wenn es den Kontakt abbricht
- ▸ wenn es immer noch die Erwartung oder Hoffnung hat, dass die Eltern sich ändern.

Selbst wenn jemand die ersten drei Phasen schon überwunden hat, hängt er oft noch in der vierten Phase fest. Da versteckt sich in irgendeinem Winkel des Herzens immer noch die heimliche Sehnsucht nach etwas, was immer vermisst worden ist, sei es Anerkennung, Zärtlichkeit oder eine Entschuldigung.

Was braucht es, um die Eltern so nehmen und akzeptieren zu können, wie sie sind? Einstellungen, an denen bisher festgehalten wurde, sind zu verändern. Wie schon erwähnt, beruhen negative Haltungen auf Erinnerungen, d. h. den Bildern aus der Vergangenheit. Dabei gab es in jeder Kindheit eine Unzahl der unterschiedlichsten Erlebnisse mit Eltern. Irgendwann tritt eine bestimmte Art von Bildern so in den Vordergrund, dass sie wie die allein gültigen erscheinen. Daraus resultieren dann Urteile und Überzeugungen, wie z. B. mein Vater war zu nachgiebig, unzuverlässig, ständig zornig usw. Es gibt noch weit mehr Bilder aus der Vergangenheit. Sie können die bisherigen Überzeugungen erweitern und verändern.

Selbst wenn die Eltern schon tot sind, lässt sich die Beziehung zu ihnen noch klären und verändern. Wunden heilen auch nachträglich. Es geht bei der Klärung vor allem um die inneren Bilder, die jemand mit sich herumträgt. Die Heilung hat weniger mit Handlungen, sondern mehr mit neuen Blickwinkeln und Einstellungen zu tun. Aber natürlich ist es einfacher und direkt bereichernd, wenn ein Vater oder eine Mutter noch lebt.

Doch was ist, wenn Groll und Abneigung wie bei Herrn Pauli mit dem schlagenden Vater berechtigt sind, weil so viele Verletzungen bestehen? Das spielt nicht die entscheidende

Rolle. Kraft wächst dem zu, der in Frieden zu sich kommt. Die Ablehnung des Vaters erzeugt eine innere Spaltung. Da gibt es dann eine Seite im Sohn, die es besser machen will, und eine andere, die automatisch, gerade in Stresszeiten, selbst auf das abgelehnte Verhalten zurückgreift.

Echter Frieden wird nicht durch die Verklärung der Vergangenheit oder durch eine künstliche Harmonie oder Versöhnungssucht erreicht. Erste Voraussetzung ist eine ehrliche Bilanz. Was sind die bestehenden »Altlasten«? Wo gibt es noch Vorwürfe, Wut oder unausgedrückten Schmerz? Denn es geht nicht darum, etwas wegzustecken oder zu verleugnen. Was schlimm war, war schlimm – das gilt es anzuerkennen.

Doch meist war nicht alles schrecklich und unangenehm. Oft ist auch viel Gutes von Vater und Mutter geflossen. Wenn dem mehr Beachtung gegeben wird, verlieren negative Seiten ihre Bedeutung. Überraschenderweise lösen sich allein dadurch viele innere Spannungen auf.

Wer als Kind in Konkurrenz mit einem Elternteil tritt, beispielsweise der Sohn, der sich in einer Familie besser vorkommt als sein Vater, aber auch die Tochter, die sich besser fühlt als ihre Mutter, hat etwas Überhebliches in sich. Diese Eigenschaft zeigt sich dann auch am Arbeitsplatz. Der überhebliche Sohn ist dabei durch die Mutter gefördert worden, die ihm vormachte, er sei besser als der Vater. Ein solcher Sohn muss einen großen inneren Schritt tun, um die Überheblichkeit loszulassen und sich – bescheidener – seinem Vater anzunähern. Und eine überhebliche Tochter ist ähnlich vom Vater beeinflusst, sodass sie sich besser als die Mutter vorkommt. Auch hier muss die Tochter einen großen Schritt tun, um wieder als Kind und nicht als Rivalin der Mutter nahezukommen.

Der Apfelfaktor, die unbewusste Loyalität, ist eine Begleiterscheinung der menschlichen Entwicklung. In den Frühzeiten der Menschheit konnte nur der Stamm überleben, der zusammenhielt. Jeder wollte, nein musste dazugehören. Wer ausscherte, gefährdete sich und die anderen. Ein Ausschluss oder Ausstoßen aus der Gemeinschaft war tödlich. Was für ein Wolfsrudel galt, galt in den Anfängen auch für jede menschliche Familie.

Über diese instinktive Gemeinsamkeit wuchs der Mensch langsam hinaus. Er ist zur Bewusstheit der eigenen Sterblichkeit und der eigenen Endlichkeit gelangt. Damit wächst die Erkenntnis: Jeder trägt sein Schicksal allein, keiner kann es ihm abnehmen. Zu diesem Schicksal gehören Geburt und Tod, alles, was einem im Leben zustößt und auch die Verantwortung für eigenes fehlerhaftes Handeln und die Schuld, die man dadurch auf sich lädt.

In Frieden kommt jemand, der seinen Eltern, seinen Vorfahren, allen Mitmenschen ihr Leben lassen kann, so wie es war oder ist. Dazu gehört das Gute, aber insbesondere auch das Schwere – sei es nun Leid oder Schuld. Jeder Vater, jede Mutter hat ein persönliches Schicksal. Sie sind mit ihren Eltern und ihren Vorfahren verbunden. Sie haben Glück und Leid ihres Lebens erfahren und sie waren sicherlich nicht immer perfekt. Gleichzeitig möchten sie, dass es ihren Kindern gut geht.

Der Apfelfaktor, die unbewusste Loyalität, ist am deutlichsten sichtbar, wenn ein Kind den Eltern ähnlich wird – gerade auch mit den negativen Wesenszügen, die es übernimmt. Es stellt sich damit in eine Reihe. Damit gehört ein Kind dazu. Wenn es sich ganz und gar abwendet, schneidet es sich von dieser Verbindung ab, die auf einer tiefen Ebene entspannt.

Das ist die Herausforderung für Herrn Pauli, der die Gewalttätigkeit seines Vaters ablehnt. Das ist die gleiche Herausforderung, die Söhne und Enkel zu bewältigen haben, deren Väter, Mütter, Großväter und Großmütter im Dritten Reich und Zweiten Weltkrieg Schuld auf sich geladen haben. Sich mit der Schuld verbinden und kraftlos werden? Sich von den Wurzeln abschneiden durch die moralische Verurteilung dieser Generation? Oder sich mit der Kraft verbinden und gleichzeitig das Brutale und Menschenverachtende übernehmen?

Es gibt etwas jenseits davon. Das ist die Achtung vor den Eltern. Achtung ist in solchen Zusammenhängen heute außer Mode geraten und wird etwas abgeschwächt als »Respekt« gerade wiederentdeckt. Der körperliche Ausdruck dieser Achtung ist eine Verneigung. In dieser Verneigung macht sich der Verneigende nicht klein und der, vor dem er sich verneigt, wird nicht größer. In vielen asiatischen Kampfkünsten gibt es zu Beginn eines Kampfes das Ritual, dass beide Gegner sich voreinander verneigen. Keiner macht sich dabei geringer als er ist, sondern er drückt diesen besonderen Respekt aus.

Was diese Verneigung vermitteln möchte, ist: »Ich achte dich und dein Schicksal«. Er lässt dem anderen, was zu ihm gehört. Er tritt ein Stück zurück und löst sich aus der unbewussten Loyalität, die ihn vorher gesteuert hat. Damit hört er auf, weiter blind das Unglück des anderen, seine Gefühle, seine Verantwortung und Schuld zu tragen. Er steht jetzt auf den eigenen Füßen, ist ein Stück mehr allein als zuvor, bleibt aber durch die Achtung auf einer anderen Ebene weiter verbunden.

Das ist der Weg, die Kraft von den Eltern zu nehmen und mit ihnen in Frieden zu kommen, ohne gezwungen zu sein, das Schlimme ebenfalls zu übernehmen. Niemand kann einem Täter seine Tat abnehmen. Was er getan hat, dafür muss er die Verantwortung übernehmen und er muss die Folgen tragen, die das für ihn hat.

Kinder haben nicht das Recht, sich einzumischen, weder, indem sie sich zu Richtern ihrer Eltern machen, noch, indem sie die Schuld ihrer Eltern weitertragen. Beides steht ihnen nicht zu. Wenn sie es tun, bleiben sie unheilvoll damit verbunden und das Schlimme wird weitergetragen. Durch die Achtung bleibt das persönliche Schicksal beim Vater oder bei der Mutter.

Und wie fließt die gute Kraft der Eltern zum Kind? Durch Dankbarkeit. Alle Kinder kommen zu einem besseren Verhältnis mit ihren Eltern – so es nicht schon sehr gut ist -, wenn sie ihre Dankbarkeit noch tiefer entdecken. Wer selber Kinder hat, weiß, welche Kraft und welchen Aufwand Kinder kosten. Eltern geben zunächst nur. Sie geben ihrem Kind Liebe und Fürsorge und wollen dafür erst einmal nichts zurück. Weil das so selbstverständlich ist, wird es von Kindern genauso selbstverständlich mit dem ihnen ursprünglichen kindlichen Egoismus angenommen. Eltern erfreuen sich natürlich an ihren Kindern, an ihrer Zuneigung zu ihnen und an ihren Leistungen. Aber wie viel ihnen die Eltern gegeben haben, erkennen viele erst dann wirklich, wenn sie selber Kinder haben und erleben, was sie das kostet.

Doch der wesentliche Dank ist der Dank für das Leben. Selbst wenn jemand seinen Vater nie kennengelernt hat, wenn die Mutter das Kind gleich nach der Geburt zur Adoption freigegeben hat – nur durch die Eltern ist das Kind ins Leben gekommen. Der Vater hat es gezeugt. Die Mutter hat es neun Monate im Bauch getragen, genährt und dann – wie es die Bibel schon ausdrückt – unter Schmerzen geboren. Dabei ist eine Geburt trotz allen medizinischen Fortschritts für eine Frau immer noch ein riskanter, manchmal lebensgefährlicher Akt.

Das macht den wesentlichen Unterschied zwischen Eltern und Kindern aus – ein Unterschied, der unaufhebbar ist. Dadurch kommt es zu einem natürlichen Gefälle zwischen Eltern und Kindern. Die Eltern haben dem Kind »das Leben geschenkt«, wie es so schön heißt. Dabei ist es kein persönliches Geschenk, sondern sie geben etwas weiter, das sie auf die gleiche Weise erhalten haben.

Die Kraft, die durch die Eltern zu den Kindern kommt, ist die reine Lebenskraft. Ohne die Eltern wären die Kinder nicht am Leben. Die Hälfte der Gene kommt vom Vater, die andere von der Mutter. Wie die moderne Biologie gerade entdeckt, sind die genetischen Anlagen zwar kein festgelegtes Schicksal. Sie reagieren und entwickeln sich mit den Umwelteinflüssen. Dabei steht aber fest: Es kann sich nichts entwickeln, wozu nicht schon die Möglichkeit im Keim angelegt ist. Diese Möglichkeiten gelangen durch die Eltern zum Kind.

Die Achtung und dieser Dank stellen die Grundlagen einer guten, kraftvollen Lösung des Kindes von den Eltern dar. Wenn ein Kind die Verbindung zu den Eltern im Zorn abschneiden will, dann drängt es die Verbindung nur in den Untergrund. Ein starkes, unsichtbares Band bleibt dennoch. Und selbst, wenn der, der das Band durchtrennen wollte, keine Verbindung mehr spürt, seine Kinder werden sie für ihn übernehmen.

Zur Achtung und zum Dank zu finden, ist oft ein längerer Prozess. Manchmal scheint es mir mehr wie eine Lebensaufgabe, bei der es wie bei einer Zwiebel Schicht um Schicht mehr in die Tiefe geht. Ein Mensch kann das allein auf die Reihe bekommen – auch wenn das manchmal schwierig ist. Es wird ihm aber gelingen, wenn er dazu entschlossen ist. Oder er kann sich Begleitung für eine solche, zwischendurch schwierige Reise suchen.

Je mehr jemand seine Eltern achten kann, mit dem, was sie tragen und sind – mit all ihren Begrenzungen, Mängeln und Fehlern –, desto mehr Spannungen lösen sich in ihm. Wenn das Verhältnis zu den Eltern geklärter und reifer ist, stärkt das die Führungsstärke. Wer mit sich im Reinen ist, kann alle seine Möglichkeiten als Führungskraft ausschöpfen.

# Burn-out verhindern – nicht nur in helfenden Berufen

Arbeit fordert den ganzen Einsatz, das bringt bisweilen jeden an den Rand seiner Kräfte. Das war früher nicht anders als heute. Dennoch gibt es ein neues Phänomen: »Burn-out«. Immer mehr Arbeitnehmer werden heute durch ihre Arbeit dauerhaft erschöpft. Auftreten und Ausmaß unterscheiden sich je nach Persönlichkeit. Beschwerden wie Schlafstörungen, Kopfschmerzen und Magenkrämpfe treten auf, ebenso wie Depressionen. Typisch sind Schuldgefühle oder Versagensängste. Der »Ausgebrannte« erlebt seine Umwelt als nicht mehr kontrollierbar und zieht sich in sich zurück. Folgen sind häufige Krankschreibung, Arbeitsunfähigkeit oder Frühverrentung.

Dabei klagen nicht so sehr die körperlich hart Arbeitenden, denen man spontan gute Gründe für Erschöpfung zugestehen würde. Es ist eine mehr geistige Erschöpfung. Je mehr Druck und Anforderungen am Arbeitsplatz heute wachsen, desto mehr steigt auch die Gefahr, dass der Einzelne sich übernimmt.

Früher ging man davon aus, dass hohe Arbeitsbelastungen insbesondere in helfenden Berufen, wie z. B. bei Ärzten, Pflegern, Rettungsdienstpersonal, Therapeuten, Sozialarbeitern und Erziehern, die Menschen ausbrennen lässt. Inzwischen ist klar: Burn-out kann nahezu alle sozialen Gruppen treffen. Von Schülern über Forscher bis hin zu Arbeitslosen und Rentnern sind alle Fälle bereits nachgewiesen.

Allerdings neigen insbesondere Menschen, die sich Helfen zum Beruf oder zur Lebensaufgabe gemacht haben, im Laufe der Jahre zum Ausbrennen. Die am Anfang vermeintlich unerschöpfliche Energie ist verbraucht. Das Geben und Helfen, das ursprünglich Freude bereitete, wird allmählich zur mühsamen Pflicht, deren Erfüllung immer anstrengender wird. Die eigenen Ansprüche beflügeln nicht mehr, sondern drücken nieder. Der Drang zu helfen kippt in Frustration und Lähmung um.

Gerade in helfenden Berufen sind die familiären Hintergründe oft besonders deutlich.

## Die Arbeit mit Behinderten oder über familiäre Ursachen der Berufswahl

*Herr Olpert arbeitet in einer Behinderteneinrichtung. Er steht kurz vor einem Zusammenbruch, so aufgerieben und erschöpft ist er inzwischen. Die Ursache dafür weiß er: »Ich kann mich überhaupt nicht abgrenzen. Wenn eine Kollegin oder ein Kollege krank wird und irgendjemand für die Kinder gebraucht wird, dann bin ich der Erste, der einspringt. An meine Frau denke ich in einer solchen Situation überhaupt nicht. Und an mich selbst schon mal gar nicht!« Kein Wunder, dass auch seine Ehe in der Krise ist.*

*Aber seine Erkenntnisse, ja selbst die Probleme in der Ehe, ändern kaum etwas an seinem Verhalten. Er scheint wie unter einem Zwang zu stehen, der stärker ist als alle Einsichten.*

Herr Olpert kennt die Ursachen seiner Erschöpfung. Er müsste nur mehr für die eigene Erholung und für seine Ehe sorgen. Genau das schafft er aber nicht. Sein gesunder Menschenverstand ist in den Entscheidungssituationen wie gelähmt.

Hinterher, nachdem er für eine kranke Kollegin spontan eingesprungen ist, stellt er fest, dass ihm die nötigen Ruhepausen fehlen. Nur mit vielen Tassen starken Kaffees rettet er sich über seinen nächsten Arbeitstag hinweg. Und das kann auf Dauer nicht gut gehen.

Woher kommen die unvernünftigen Impulse, die ihn langfristig in den gesundheitlichen Ruin treiben? Erst ein Blick auf den familiären Hintergrund macht sein Handeln verständlicher.

Herr Olpert hatte einen um zwei Jahre jüngeren Bruder Karl, der schwer körperbehindert geboren wurde. Er starb dann mit fünf Jahren. Als er davon berichtet, wird seine Stimme traurig. Kurz danach fangen seine Augen zu leuchten an und er sagt: »Ich wusste schon als kleines Kind, dass ich später einmal mit Behinderten arbeiten werde. Und das habe ich als Jugendlicher ganz zielgerichtet angesteuert.«

Es leuchtet ein, dass dieser frühe Berufswunsch damit zu tun hat, dass Herr Olperts kleiner Bruder behindert war. Ohne ihn wäre er nie als Kind auf eine solche Idee gekommen. So haben Berufswünsche oft etwas mit den Erfahrungen als Kind zu tun. Da spielt einer als kleiner Junge begeistert mit dem Chemiebaukasten und beschließt: »Ich werde einmal Chemiker.« Oder das kleine Mädchen verarztet aufopferungsvoll wochenlang ihre Puppen und träumt davon, später einmal Ärztin zu werden. Je stärker das Bedürfnis ist zu helfen, desto deutlicher sind die Verbindungslinien zur Familie im Hintergrund.

Natürlich ist es übertrieben, bei jeder Berufswahl familiäre Beziehungen zu behaupten. Aber es ist spannend, einmal die Berufe zu betrachten, die die letzten drei Generationen ergriffen haben, auch die Berufswünsche zu sehen, die nicht erfüllt wurden und dann unter dem Licht dieser die eigene Berufswahl anzuschauen.

Nun ist Herr Olpert aber nicht zum Coaching gekommen, weil er Probleme mit seiner Berufswahl hat. Damit ist er völlig im Reinen. Er liebt seinen Beruf und die Kinder, die er betreut. Hat sein Burn-out vielleicht ebenfalls etwas mit dem familiären Hintergrund zu tun?

Angesichts dieser Frage geht der erste Blick zu den Eltern. Wie sind diese mit der Situation, ein behindertes Kind zu haben, umgegangen? »Eigentlich war meine Mutter überfordert«, stellt Herr Olpert fest. »Nach dem Tod von Karl ist sie vor Erschöpfung zusammengebrochen.« Die ganze Kraft und Aufmerksamkeit der Mutter hatte nur noch dem behinderten Sohn gegolten. Der Vater zog sich in dieser Zeit zurück und kapselte sich ab. Beide Eltern fanden niemals mehr zu ihrem ursprünglich guten Verhältnis zurück.

Hier ist die Parallele zu Herrn Olperts aktueller Situation auffällig. Auch seine ganze Sorge und Aufmerksamkeit gilt nur seinen behinderten Zöglingen. Sein Gesundheitszustand leidet, er droht erschöpft zusammenzubrechen wie seine Mutter. Und auch seiner Ehe droht eine ähnliche Entfremdung, wie das bei seinen Eltern geschehen ist.

Darüber hinaus ist aber auch noch die direkte Beziehung zwischen ihm und dem kleinen, mit fünf Jahren gestorbenen Bruder Karl wichtig. Kinder nehmen den Unterschied zwischen sich und einem behinderten Geschwister wahr, vielleicht unmittelbar, sicher aber vermittelt auch über die Reaktionen der Umwelt. Denn sie registrieren, wie Eltern, Verwandte, Nachbarn, ja Fremde auf der Straße auf ein behindertes Kind reagieren.

So hat Herr Olpert als Kind wahrgenommen, dass da ein schlimmes Unglück den kleinen Bruder getroffen hat, während er gesund herumspringen konnte. Ihm geht es gut und der Bruder leidet. Daraus entsteht eine Art Schuldgefühl, das es ihm schwer macht, fröhlich und unbeschwert zu sein. Jetzt wird ihm auch klar, warum er sich als Kind und Jugendlicher immer wieder einmal sehr bedrückt fühlte, ohne dass es einen äußeren Anlass gab. Dieses Gefühl hat ihn später weiter begleitet und ist ihm auch jetzt noch sehr vertraut. Es ist so, als ob er durch übergroße Aufopferung etwas gutmachen und ausgleichen wollte. Deshalb ist ihm die Arbeit wichtiger als Ruhepausen oder eine erfüllte Beziehung. Und deswegen reibt er sich so auf.

Schon diese Erkenntnis erleichtert ihn und lässt ihn Vorsätze fassen, in Zukunft mehr für sich zu sorgen. Im weiteren Verlauf der Gespräche geht es auch darum, noch einmal mit dem verstorbenen Bruder innerlich Kontakt aufzunehmen. Dabei erlebt er wieder die Liebe und das Mitgefühl, die er als Kind zu dem Geschwister empfand. Je mehr er diese Gefühle zulässt, desto mehr verschwindet der unsichtbare Druck in ihm, etwas wiedergutmachen zu müssen. Die Erinnerungen an seinen Bruder finden jetzt einen neuen Platz in ihm. Damit fällt es ihm künftig leichter, am Arbeitsplatz mehr auf seine Erholung zu achten und da Grenzen zu ziehen, wo es nötig ist.

## Der erschöpfte Sozialarbeiter oder über die Hintergründe des Helfens

*Herr Winter arbeitet als Sozialarbeiter in der Betreuung von Obdachlosen. Seit zwei Monaten ist er krankgeschrieben. Er war in seinem Büro überarbeitet mit Herzstechen zusammengebrochen.*

*»Ich liebe meine Arbeit nach wie vor«, meint er. »Aber jetzt nach zehn Jahren bin ich am Ende. Die viele Not hat mich anfangs so erschüttert. Ich wollte unbedingt helfen. Inzwischen regen mich meine Klienten nur noch auf. Manchmal werde ich schon zynisch!«*

Viele Angehörige helfender Berufe haben irgendwann ähnliche Probleme. Das »Helfen wollen« war eine große Motivation gewesen, ihren Beruf zu ergreifen. Die Not in der Welt und im speziellen beruflichen Umfeld ist so groß! Die Grenzen der eigenen Belastbarkeit werden dabei nicht gesehen oder nicht beachtet. Irgendwann ist es zu viel. Dann kippt etwas, was sich darin ausdrückt, wenn Herr Winter von seiner Befürchtung spricht, zynisch zu werden.

Unter »helfenden Berufen« verstehe ich hier pauschal alle Berufe, die sich körperlicher und seelischer Gesundheit widmen und dabei direkten Kontakt mit den Betroffenen und Einfluss auf sie haben, also etwa Ärzte, Krankenschwestern, Psychotherapeuten, Heilpraktiker und Sozialarbeiter. Natürlich gibt es wichtige Unterschiede in diesen Berufen, im Ausmaß ihrer Verantwortung und in der Art ihrer Arbeit. Auch wenn ein Priester, eine Ärztin, ein Psychotherapeut und eine Sozialarbeiterin verschiedenartige Tätigkeiten haben, gibt es dennoch einen gemeinsamen Boden: Das ist die direkte Sorge für Mitmenschen, ganz gleich ob auf einer praktischen, körperlichen oder seelischen Ebene. Diese Basis unterscheidet diese Berufsgruppe von anderen Berufen wie dem Techniker oder der Verkäuferin.

Der Blick in die Familie von Herrn Winter zeigt keine besonderen Ereignisse. Mit seinen Eltern versteht er sich gut, ebenso mit seinen zwei jüngeren Geschwistern. Sein Vater war als junger Soldat im Krieg gewesen und hatte dann sehr spät geheiratet und die Familie als Handwerker ernährt. An seine Mutter erinnert er sich so: »Sie war eigentlich immer überlastet. Zum einen die drei Kinder, und dann hing auch noch mein Vater ständig an ihrem Rockschoß.«

Oft ist ein oberflächlicher Blick auf den familiären Hintergrund wenig erhellend. Es ist meist alles »normal«, im Grunde auch in Ordnung. Erst wenn die beteiligten Eltern und Kinder als Personen mit ihren Gedanken und Gefühlen, mit ihren Wünschen und Enttäuschungen lebendig werden, zeigen sich die Gemeinsamkeiten und Zusammenhänge mit gegenwärtigen Problemen und Konflikten.

Schon als kleiner Junge sorgte sich Herr Winter sehr um seine überlastete Mutter. Er war ein sehr ernstes und gewissenhaftes Kind, das schon früh viel Verantwortung übernahm. So kümmerte er sich sorgfältig um seine jüngeren Geschwister und füllte als Jugendlicher einen Teil der Elternrolle aus. Er sprang in die Bresche, die seine Eltern ließen. Er versuchte, möglichst viel von ihrer Verantwortung zu übernehmen und sie dadurch zu entlasten.

Als Herr Winter von seiner Kindheit spricht, werden ihm plötzlich Parallelen zu seiner Arbeit klar. »Ich strenge mich genauso an wie früher. Und die Obdachlosen könnten meine jüngeren Geschwister sein, so behandle ich sie manchmal. Als ob ich für sie den Papa spielen müsste!«

Die Verantwortung, die Herr Winter als Kind und Jugendlicher übernahm, war zu groß für ihn. Zwar war sein Einsatz notwendig, damit die Familie einigermaßen gut funktionierte. Aber gleichzeitig war die Rolle, die er übernahm, eine enorme Last. Er versuchte, anderen, nämlich seinen jüngeren Geschwistern und seiner Mutter, Geborgenheit zu vermitteln. Die Sicherheit und Geborgenheit, die er als Kind selbst gebraucht hätte, fehlten ihm ein Stück. Es war ein enormer Stress in frühen Jahren.

Aber wie konnte es dazu kommen, dass Herr Winter mit Herzstechen im Büro zusammenbrach? Das Kind in seiner Familie ist klein und überfordert. Herr Winter als Sozialarbeiter ist erwachsen und übt einen normalen Beruf aus. Warum erschöpft er sich trotzdem so sehr?

Seine alten Prägungen stehen ihm im Weg. Sie verhindern, dass er einen sinnvollen Unterschied zwischen Berufs- und Privatleben macht. Helfen ist für ihn mehr als ein Beruf, sondern fast eine Leidenschaft. Deshalb kann er nicht gut auf seine Gesundheit achten und für sich sorgen. Er verhält sich wie damals in der Familie, als das Kind keinen Gedanken daran verschwendete, ob es nicht besser daran täte, weniger für Mutter und Geschwister zu tun.

Das teilt er mit den anderen, die in helfenden Berufen tätig sind und ausbrennen. Wer als Kind Ähnliches erlebt hat, übernimmt später in seinem Beruf, z. B. in einer Beratungsstelle oder in einer sozialen Einrichtung, schnell viel Verantwortung. Er fühlt sich mehr für seine Klienten verantwortlich, als es eigentlich den Umständen nach angemessen wäre. Er ist zu sehr mit seinen Klienten verbunden, ohne sinnvollen Raum dazwischen. Die Probleme der Klienten beschäftigen ihn dauerhaft, lassen ihn auch in der Freizeit nicht los und nagen übermäßig an den eigenen Kräften. Es ist unmöglich, den nötigen und gesunden Abstand zu finden. Kein Wunder, dass jemand früher oder später unter der Last all dieser Probleme zusammenbricht oder sich in Zynismus flüchtet, um sich vor dem Sog des fremden Leids zu schützen!

Als Herr Winter davon spricht, dass er sich so anstrengt, als ob er »Papa spielen« müsste, wird ihm deutlich, dass er eine ähnliche Rolle wie früher in der eigenen Familie übernommen hat – nur dass die hier Betreuten nicht kleinere Geschwister, sondern fremde Erwachsene sind. Dass er sich in der Arbeit aufreibt und ausbrennt, ist die Wiederholung eines alten Musters. Es ist so, als ob er seinen Arbeitsplatz mit seiner damaligen Familiensituation verwechselt.

In der Beratung mit Herrn Winter ist das seine entscheidende Erkenntnis. Die Unterschiede werden ihm deutlicher. Seine familiäre Vergangenheit ist vorbei. Die Obdachlosen sind nicht seine kleinen Geschwister, sondern Erwachsene mit einem eigenen Leben und einer eigenen Geschichte. In seiner Arbeit geht es für ihn darum, sie zu unterstützen und sie möglicherweise auf ihrem Weg zu einem sesshaften Leben zu begleiten.

Damit er das tun kann, braucht er selbst Kraft und Gesundheit. Freunde und Familie, vielleicht Sport und ein Hobby helfen ihm dabei, einen gesunden Ausgleich zu seiner Arbeit zu finden. All dies muss er aktiv pflegen, sonst muss er sich auch über einen zweiten Burn-out nicht wundern.

## Fordernde Klienten oder warum Helfen so anstrengt

*Frau Hansen arbeitet seit 10 Jahren als Psychotherapeutin in ihrer eigenen Praxis. Aber in den letzten Monaten wird ihr alles zu viel. Sie leidet oft an Kopfschmerzen. Nachts kann sie nicht mehr schlafen und grübelt stundenlang. Sie ist niedergeschlagen und jede Therapiestunde, die sie durchführt, ist ihr eine Last. Sie weiß, lange kann sie so nicht mehr weitermachen.*

*Trotzdem will sie ihre Arbeit nicht reduzieren. Die Warteliste von neuen Klienten ist lang. Sie hat viele schwere Fälle von Frauen mit lang anhaltenden Depressionen und nimmt sehr Anteil am Schicksal ihrer Klientinnen. »Mir ist es ganz wichtig, für die Klienten in ihrer Not da zu sein. Wenn es ihnen schlecht geht, dürfen sie mich jederzeit anrufen.« Allerdings wird ihre Bereitschaft, die ursprünglich für einmalige Notsituationen gedacht war, sehr ausgenutzt. Ihr Handy klingelt zu den unmöglichsten Zeiten. Neulich abends um zehn Uhr war eine Klientin am anderen Ende und wollte ihr Herz ausschütten. Als Frau Hansen erschöpft versuchte, sie abzuwimmeln, kam die Klientin empört und voller Vorwürfe zur nächsten Stunde. Frau Hansen fühlte sich richtig schlecht und schuldig.*

Der Fall von Frau Hansen wird noch mehr als der des Sozialarbeiters Winter zeigen, welche grundlegenden Bedürfnisse und Dynamiken sich hinter dem Helfen verstecken können.

Die erste Diagnose ist ähnlich und einfach. Frau Hansen grenzt sich nicht genügend gegenüber ihren Klienten ab. Über dem Helfen und Unterstützen kommt sie selbst zu kurz. Sie hat kaum Freiräume, in denen sie sich erholen und wieder neue Kraft schöpfen kann. Ihre Einladung an ihre Klienten, in Notsituationen anzurufen, wurde offensichtlich missverstanden. Sie wird jetzt wie eine Art Telefonseelsorge benutzt. Durch ihr bisheriges Verhalten hat sie das offensichtlich gefördert. Kein Wunder, dass dann eine Klientin enttäuscht und sauer reagiert!

Der familiäre Hintergrund sieht so aus: Sie ist das jüngste von drei Kindern. Der Vater war ein erfolgreicher Geschäftsmann. Sie erlebte ihn als freundlich, aber viel zu selten zu Hause. Die Mutter war in ihren Stimmungen sehr wechselhaft. Es gab sehr fröhliche und unbeschwerte Momente, dann war sie wieder wochenlang niedergeschlagen und für die Kinder kaum ansprechbar. Zweimal unternahm sie einen Selbstmordversuch. Frau Hansen bemühte sich als Kind sehr um die Mutter, versuchte sie aus ihren trüben Stimmungen zu bringen und aufzuheitern. Doch oft war die Mutter so niedergeschlagen und gedrückt, dass ihr das nicht gelang.

»Dass ich mich besonders intensiv um Klientinnen kümmere, die mich an das Schicksal meiner Mutter erinnern, weiß ich schon«, meint Frau Hansen. »Ich finde es heutzutage so wichtig, dass solche Frauen jemanden haben, der ihre Situation wirklich versteht. Und das tue ich wirklich.« Dass die Situation jetzt so eskaliert, hat viel mit diesem Verständnis zu tun. Wenn sie sich selbst gegenüber ehrlich ist, dann hat sie oft das Gefühl, sie sei die einzige, die ihren Klienten helfen könne. Sie möchte sie vor dem gleichen Schicksal wie das ihrer Mutter bewahren.

Doch ihre Situation hat noch viele weitere Schichten. Sie braucht eine ganze Zeit, bis sie anfängt, mehr von dem zu beschreiben, was sie in der Kindheit erlebte. »Zwischendurch war es schrecklich, wenn meine Mutter wieder so deprimiert war. Ich war so verzweifelt und hatte niemanden, der mir helfen konnte.« Für ein Kind ist eine solche Situation beängstigend. Es fühlt sich schutzlos und alleingelassen. Das bleibt als tiefe Wunde zurück. Also nicht nur die Klientinnen von Frau Hansen sind belastet, sondern sie selbst ist es auch.

Es gibt nun in jedem Menschen einen unbewussten Wunsch, sich mit den Wunden, die er aus der Kindheit mitbringt, zu konfrontieren und sie – auf welche Weise auch immer – zu heilen. Der unbewusste Wunsch leitet uns zu fremden Schicksalen, die dem unseren ähnlich sind. Deswegen gibt es oft Ähnlichkeiten in der eigenen Familiengeschichte oder mit den Biographien von Klienten, die jemand betreut. Das hat schon die Geschichte mit Herrn Olpert gezeigt, der mit Behinderten arbeitet.

Frau Hansen schaut mit jeder ihrer deprimierten Klientinnen sozusagen in einen Spiegel, in dem sie im fremden Schicksal etwas vom eigenen sieht. Jede dieser Stunden ist auch eine Erinnerung an die eigene Geschichte. Das Eigene kommt ins Spiel, weil es so nahe ist. Je ähnlicher aber die Probleme einer Klientin denen von Frau Hansen sind, desto schwieriger ist es für sie, die notwendige Unterscheidung zu treffen, um in einer guten Form beruflich distanziert zu bleiben. Denn neben der Suche danach gibt es auch eine große Angst vor der Begegnung mit den eigenen Wunden und dem eigenen Schmerz. Damit dieser Schmerz nicht wieder hochkommt, schützt sie sich innerlich. Das erzeugt ein dauerndes Spannungsverhältnis – und das ist zusätzlich zur Arbeit sehr anstrengend.

Die Konzentration auf das Helfen lenkt von den eigenen Problemen ab. So bleibt Frau Hansen außerhalb und erlebt sich als nicht direkt betroffen. Je mehr sie sich gebraucht sieht, desto mehr vergisst sie ihre eigene Belastung. Also muss sie sich durch ihre Hilfe unentbehrlich machen. Das ist ein Grund dafür, warum sie so großzügig ihre Handynummer an ihre Klientinnen weitergibt.

Das Helfen schützt davor, die eigene Not und Bedürftigkeit zu spüren. Das bewahrt sie davor, auf sich zu schauen und die eigene Belastung zu fühlen. Aktivität und Einsatz schützen sie. Wehe, wenn die Entspannung kommt! Da ist besser, sich von der Arbeit aufzehren zu lassen. Helfen, das zur Ablenkung vom eigenen Unglück dient, zehrt aber enorm. Die zentrale Strategie, um sich zu schützen, ist also, in die Rolle der Helferin zu gehen. Und zwar nicht als Helferin, die nur Wegbegleiterin ist, sondern als jemand, der wichtig und unentbehrlich ist.

Dazu muss sie ihre Klienten als schwach und hilfsbedürftig sehen, nicht stark genug, um mit ihren Problemen fertig zu werden. Sie muss ihnen wenig zutrauen, sie eher wie Kinder betrachten, die ihr Leben nicht bewältigen können. Diese schwachen Menschen brauchen dann jemand, zu dem sie aufschauen können und der ihnen hilft, indem er sie tröstet, aufbaut oder ihnen sagt, wo es langgeht!

So geht es Frau Hansen. Insgeheim fühlt sie sich wie die Retterin ihrer Klientinnen. Damit übernimmt sie sich. Wer jemand anderen retten will – der mit dem Lebensretterschwimmschein einmal ausgenommen –, stellt sich innerlich über den anderen.

Frau Hansen sieht ihre Klientinnen als das Opfer ihrer Situation, ihres Lebens oder ihrer Depression. So wie sie ihre Mutter damals retten wollte, versucht sie es jetzt bei ihren Klientinnen. Auch bei ihrer Mutter hat sie damals als Kind gehofft und geglaubt, sie retten zu können. Diese alte Illusion versucht sie jetzt mit ihren Klientinnen zu verwirklichen.

Ihr Angebot fällt zunächst auf fruchtbaren Boden. Denn Klienten kommen mit Wunden aus der Kindheit. Die Sehnsucht nach den idealen Eltern, die in dem Kapitel über den Hintergrund von Konflikten mit Autoritäten beschrieben ist, gilt gerade auch für Klienten.

Sie sind manchmal verzweifelt auf der Suche nach jemanden, der ihnen als Mutter- oder Vaterfigur die Liebe und unbedingte Zuwendung schenkt, die sie als Kind nicht bekommen haben. Besonders Therapeutinnen und Therapeuten eignen sich gut als Zielperson. Von ihnen erwartet der Klient im Grunde das, was er früher nicht bekommen hat: uneingeschränktes Verständnis und absolute Liebe. Je persönlicher der Kontakt ist, desto persönlicher werden die Erwartungen. Kurz: Von ihren Eltern enttäuschte und verletzte Kinder suchen in Therapeuten (oder manchmal auch in einem Coach) hilfreiche Eltern.

In Frau Hansen finden sie jemanden, der verspricht, diese Rolle auszufüllen. »Sie können mich jederzeit anrufen, wenn es Ihnen schlecht geht und Sie Hilfe brauchen.« Die versteckte Botschaft darin ist: »Das, was die Eltern nicht gegeben haben, erhalten Sie jetzt von mir.«

Die Elternrolle gegenüber den Klienten einnehmen zu wollen, ist aber belastend und aufreibend. Dieser Anspruch an sich selbst ist auf Dauer nicht durchzuhalten. Dadurch brennt Frau Hansen aus. Darüber hinaus kann kein Therapeut einem das geben, was er als Kind früher von seinen Eltern gebraucht hätte. Kein Helfer, keine Helferin kann Vater und Mutter ersetzen.

Damit Frau Hansen ein gesünderes Verhältnis zu ihrer Arbeit bekommt, ist eine Einsicht besonders wichtig: Sie ist als Therapeutin auf der Ebene, wo ein Klient die nicht enthaltene Elternliebe empfangen will, ohne Macht. Natürlich kann sie in vielen Bereichen Unterstützung geben. Sie vermag, ihre Klientinnen alte Erinnerungen wieder oder neu erleben zu lassen, um kindliche Erfahrungen zu einem guten Abschluss zu bringen. Sie mag in bestimmten Techniken einmal kurz in die Rolle von Vater und Mutter schlüpfen. Aber bei allem, was darüber hinausgeht, ist sie als Therapeutin ohn-mächtig.

Wenn sie sich so fühlt und benimmt, als sei sie die bessere Mutter, stellt sie sich sogar zwischen das Kind und die tatsächliche Mutter – und stört hier, anstatt bei der Lösung zu helfen. Sie erschwert es ihren Klientinnen, sich mit ihren Eltern und den Tatsachen des Lebens auszusöhnen und abzufinden.

Woher kommt dieses innere Sträuben, die eigene grundlegende Hilflosigkeit als Helfer oder Helferin anzunehmen? Hilflosigkeit zu spüren ist eine der schwierigsten Herausforderungen. Vielleicht deshalb, weil kindliche Urängste mit Hilflosigkeit verknüpft sind. Das Kind ist ausgeliefert dem Leben und auch den Eltern. Es kann zu Beginn seines Lebens nichts wirklich aus eigener Kraft bewirken. Deswegen versuchen die meisten Menschen später alles, um diesem Gefühl nicht wieder zu begegnen.

Frau Hansen kann ihren Klientinnen nicht den Schmerz abnehmen, den diese aus ihrer Kindheit mit sich tragen. Bei der Suche nach den Eltern, in der Auseinandersetzung mit dem Schmerz, ist es für jedes Kind irgendwann erforderlich, sich mit dem, was ist und war, abzufinden. Es gilt aufzuwachen. Die Vergangenheit ist vorbei, die alten Wunden gehören dorthin. Eine Therapeutin ist nicht die Mutter, sondern nur eine Therapeutin, die das als Beruf ausübt – mehr nicht. Ein Therapeut ist nicht der Vater, sonder nur ein Therapeut – mehr nicht.

Die Behauptung »Ich bin wie eine Mutter immer für dich da« steht in Widerspruch zur Realität. Es ist ein falsches Versprechen, wenn Frau Hansen so tut, als ob es anders wäre. Sie hat eine eigene Familie und ein Privatleben, das nichts mit ihrer beruflichen Helferrolle zu tun hat. Sie hat eigene Bedürfnisse und dafür braucht sie Zeit und Raum. Aufgrund dieses beruflichen Kontaktes ist sie nicht wie die Mutter eines kleinen Kindes ständige Ansprechpartnerin.

Sie übt Helfen als Beruf aus, d. h. sie verdient ihren Lebensunterhalt damit. Therapie ist ein Austausch von Leistungen zwischen zwei Erwachsenen, der unmittelbar sichtbar wird, wenn der Klient direkt bezahlt. Frau Hansen ist davon abhängig, dass Klienten zu ihr kommen und sie für ihre professionelle Hilfe bezahlen. Der staatlich angestellte Sozialarbeiter mag es eher vergessen, dass er seinen Klienten und den von ihm Betreuten seinen Lebensunterhalt verdankt. Aber auch, wenn der Staat als Arbeitgeber dazwischentritt, bleibt die Tatsache der gegenseitigen Abhängigkeit einsichtig.

Klienten wissen und spüren, dass das Versprechen »In mir findest du jemanden wie eine Mutter« falsch ist. Vielleicht sind sie am Anfang begeistert und hoffnungsvoll. Das ist dann die »positive Übertragung«, die das Gegenüber verklärt. Sehnsucht macht blind. Aber doch nicht ganz und gar und auf keinen Fall dauerhaft.

Deswegen testen Klienten diese Versprechen. »Sie wollen immer für mich da sein? Das wollen wir doch sehen, ob das wirklich stimmt!« Dann kommen die Anrufe zu den unmöglichsten Tages- und Nachtzeiten. So lange, bis ein Stopp erfolgt. Damit sind dann der Ärger und die Enttäuschung über das gebrochene Versprechen berechtigt. Die Wut, die eigentlich den Eltern gilt, bricht sich jetzt als »negative Übertragung« Bahn. Deshalb ist die Klientin, deren Anruf abgewimmelt wurde, so enttäuscht und ärgerlich.

Daneben gibt es bei den Klientinnen auch gesunden Ärger und Widerstand. Frau Hansen vermittelt subtil, dass sie als Helferin in der überlegenen Position ist. Im Grunde mag sich niemand so fühlen oder behandeln lassen.

Für Frau Hansen ist es im Coaching wichtig, ihre Klienten als eigenständige, für ihr Leben selbst verantwortliche Menschen zu sehen. Je mehr sie das tut, desto leichter kann sie von ihrem hohen Anspruch abrücken. Dazu muss sie sich aber mit den eigenen Wunden aus ihrer Kindheit und dem Verhältnis zu ihrer Mutter auseinandersetzen. Dies ist ein längerer Prozess. Sie begegnet dabei noch einmal der Hilflosigkeit des Kindes gegenüber dem Schicksal seiner Mutter. Als sie anfängt, sich das einzugestehen, kann sie ihre Liebe spüren und gleichzeitig die Mutter mehr achten.

Auf dieser Basis wird sich auch ihr Blick für das Schicksal und die Verantwortung ihrer Klientinnen verändern. Sie hat sich übernommen und sich etwas vorgemacht. Als Erstes beschließt sie, eine Auszeit von drei Monaten zu nehmen, um sich ganz um ihre Kraft und Gesundheit zu kümmern. Dazu bittet sie zwei Kolleginnen um Hilfe. Die Pause spricht sie mit ihren Klientinnen ab und findet mit ihnen zusammen für diese Zeit Lösungen. Dabei ist sie überrascht, wie gut und verständnisvoll die meisten mit der Situation umgehen.

## Zu viel Verantwortung oder der heimliche Größenwahn am Arbeitsplatz

*Frau Fabritius arbeitet zusammen mit mehreren Kolleginnen im Büro einer großen Bäckerei. Vor zwei Wochen hat ihr Chef sie zu sich gerufen und ihr klar zu verstehen gegeben, sie solle sich mehr um ihre eigentliche Arbeit kümmern und sich darüber hinaus nicht einmischen. Das war ein Schock, mit dem sie nicht fertig wurde. Fast zwanghaft kreisen ihre Gedanken um dieses Gespräch. Sie fühlt sich leer und ausgebrannt. Erschöpft und frustriert lässt sie sich krankschreiben.*

*Dabei hatte sie sich anfangs ganz anders gefühlt. Als sie vor 20 Jahren im Büro als Schreibkraft angefangen hatte, war sie noch allein und es gab nur zwei Hauptgeschäfte. Inzwischen ist ein Riesenbetrieb mit 25 Filialen daraus geworden, der immer noch weiter wächst.*

*Frau Fabritius hat sich schon immer für die betriebliche Logistik interessiert. Als die ersten Computerprogramme dafür auf den Markt kamen, hat sie sich eingearbeitet und ist jetzt die Spezialistin. Als die Zahl der Filialen wuchs, kamen neue, komplexere Programme. Sie machte unbezahlte Überstunden, nahm an Lehrgängen teil und wurde die*

*Hauptverantwortliche. Sie rieb sich sehr bei dieser Arbeit auf, aber das war ihr egal. Die neue Aufgabe reizte sie. Vorsichtige Anfragen von ihrer Seite nach Beförderung und Gehaltserhöhung wurden allerdings abschlägig beschieden. Sie sah schnell ein, dass sich die Bäckerei das nicht leisten konnte. Aber das demotivierte sie nicht. Im Gegenteil. Sie zerbrach sich den Kopf über die Verbesserung der Arbeitsabläufe und hatte, wie sie fand, eine Reihe guter Ideen. Der Inhaber reagierte abweisend. Irgendwann spitzte sich die Situation dann zu. Bis es zu dem Gespräch kam ...*

Wer seine Kompetenzen überschreitet – auch wenn er es gut meint –, muss sich nicht wundern, wenn er irgendwann in die Schranken gewiesen wird. Das sind Vorgänge, die im Arbeitsleben immer wieder einmal vorkommen. Die Irritationen des Chefs führten zu diesem klärenden Gespräch mit Frau Fabritius.

Sie ist dadurch aber völlig aus der Bahn geworfen. Bis zu diesem Zeitpunkt war sie sich anscheinend über ihre Rolle und ihren Platz im Büro nicht klar gewesen. Sie hatte sich vorgemacht, dass ihr Einsatz und ihre Initiativen mehr geschätzt würden. Als sie so eindeutig gestoppt wurde, war das eine riesige Enttäuschung. Gleichzeitig nahm sie wahr, wie sehr sie sich bis zu diesem Zeitpunkt verausgabt hatte. Beides war dann zu viel. Deshalb kann sie nicht mehr.

Wieder ist es sinnvoll, bei solch heftigen Reaktionen den familiären Hintergrund mitzubetrachten. Oft gleichen dann Situationen der Kindheit denen am Arbeitsplatz. Deshalb treten dann so intensive Gefühle und Reaktionen auf.

Frau Fabritius hatte noch drei jüngere Geschwister, alle im Alter dicht beieinander. Der Vater steckte seine ganze Energie in die Arbeit, um genügend Geld für die junge Familie zu verdienen. Die Mutter war kränklich und lag häufig im Bett. Beide Eltern waren überfordert. Frau Fabritius als das älteste

Kind musste früh in die Rolle der für die jüngeren Geschwister Verantwortlichen schlüpfen.

Im Bäckereibüro ist sie in eine ähnliche Rolle geschlüpft. Wer als Kind zu viel Verantwortung tragen musste, wiederholt das später oft am Arbeitsplatz. Sie ist zur Spezialistin für das Logistikprogramm geworden und entwickelte Ideen zur Verbesserung der Arbeitsabläufe.

Aber ist das nicht ein normaler Ehrgeiz, wenn jemand sich weiterentwickelt und neue Aufgaben übernimmt? Grundsätzlich schon. Aber das Verhältnis zwischen Leistung und Gegenleistung muss am Arbeitsplatz dauerhaft stimmen. Deshalb müssten zusätzlich übernommene Aufgaben und speziell erworbene Fähigkeiten auch entsprechend honoriert werden. Das kann ein höheres Gehalt sein, ein Aufstieg in der Hierarchie, ein Firmenwagen, der auch privat genutzt werden kann, ein neues größeres Büro usw.

Bei Frau Fabritius zeigt sich ein Muster, das typischer für Frauen als für Männer ist. Sie leistet mehr, als sie muss, fordert aber keine materielle Anerkennung dafür. Männer bestehen im Allgemeinen eher darauf. Sie lassen sich nicht so leicht abspeisen oder überzeugen. Die Unterschiede stammen aus den alten Familienmustern: Der Mann arbeitet und schafft dadurch die materielle Basis für die Familie. Die Frau daheim sorgt und kümmert sich um alles andere. Ihre Anerkennung besteht in dem Wohlergehen der anderen und der Zuneigung, die sie aufgrund ihrer Sorge erhält. Weil sie sich um die anderen kümmert, wird sie gemocht.

Die Regeln des Arbeitsplatzes sind anders als die der Familie. Frau Fabritius muss diese Unterscheidung lernen. Mütterliche Qualitäten mögen hier ab und zu hilfreich sein. Wenn sie aber nur diese zeigt, verhindert das auf Dauer den ihr zustehenden Erfolg. Sie muss mehr die Qualitäten entwickeln, die ehemals Männern zugesprochen wurden: Durchsetzungsvermögen und die Planung ihrer Karriere.

Das leuchtet Frau Fabritius in den Gesprächen ein. Sie erkennt, dass sie die Einstellung zum Arbeitsplatz ein Stück mit der zu ihrer Familie vermischt hat. Sie wollte durch ihre Arbeit die gleiche Anerkennung und Zugehörigkeit wie in der Familie erhalten. Aber die Kollegen sind nicht ihre Geschwister und die Vorgesetzten sind nicht ihre Eltern. Ihr Schock war eine Folge der Verwechslung. Sie hat so reagiert, als ob ihre Eltern undankbar und unzufrieden seien.

Mit diesem Verständnis ist sie freier, neue Möglichkeiten zu finden, um sich angemessen durchzusetzen. Wichtig ist vor allem, dass sie sich im Rahmen ihrer Kompetenzen bewegt. Bisher hat sie sich wichtiger genommen oder gemacht als sie ist. Ein Mini-Größenwahn. Für sie ist es wichtig, innerlich auf die richtige Größe zu schrumpfen. Was ist der Bereich ihrer Entscheidungen? Wo fängt ihr Bereich an und wo hört er auf? Was ist die Aufgabe ihrer Vorgesetzten? Schwierig und manchmal schmerzhaft ist oft diese Abgrenzung nach oben. Frau Fabritius sieht manches anders. Manches vermutlich richtiger, weil sie näher an der Sache ist. Aber nicht sie trifft die endgültigen Beschlüsse. Wenn sie sich für alles verantwortlich fühlt, zerreibt sie sich innerlich, vor allem dann, wenn sie getroffene Entscheidungen für falsch hält.

Selbstverständlich ist es wichtig, dass sie ihre Einschätzung mitteilt, ihre Argumente vorträgt, mitdiskutiert, soweit es gefragt ist. Aber sie muss sich selbst aus einer Verpflichtung entlassen, die ihr keiner gegeben hat. Alles, was sie darüber hinaus leistet, muss mit dem Inhaber abgesprochen sein. Sie wird das in Zukunft nur noch tun, wenn es gewünscht und auch entsprechend honoriert wird. Mit diesen Entschlüssen fällt eine große Last von ihr ab. Gleichzeitig überlegt sie, ob sie sich nicht überhaupt nach einem neuen Arbeitsplatz umschauen soll, an dem ihre Fähigkeiten mehr gefragt und geschätzt werden.

# Die übergroße Verantwortung
## an der Wurzel loslassen

Wie findet jemand von einer übergroßen Verantwortung zum richtigen Maß? Unentbehrlich ist die realistische Bilanz, was im Rahmen der beruflichen Tätigkeit als Verantwortung angemessen ist. Die sieht beim Arzt anders aus als bei der Krankenschwester, bei der Unternehmerin anders als beim Abteilungsleiter.

Manchmal nutzen aber selbst die klarsten Einsichten wenig. Da fasst jemand die besten Vorsätze, mehr zu delegieren und sich nicht in die Belange von Mitarbeitern oder Vorgesetzten einzumischen. Aber es gelingt ihm nicht. Denn der unbewusste Druck ist zu groß. Die Übernahme von übergroßer Verantwortung ist zu einem Teil der Persönlichkeit geworden. Sie ist so selbstverständlich, dass sie erst mit dem Burnout als besondere Last spürbar wird.

Wer zurück zu den Wurzeln seines Verhaltens geht, wird meist in der Familie und in seiner Kindheit fündig. Hinter der Fassade desjenigen, der sich im Berufsleben verausgabt hat, steckt ein Kind, das früh groß und stark sein und die eigene Not verstecken musste. Die Eltern waren zu sehr belastet, das Kind ist in die Bresche gesprungen. Die Verantwortung wurde im Dienste der Familie übernommen. Es ist ein sehr starkes und liebevolles Band, was hier spürbar wird – hinter allem Frust und aller Enttäuschung.

Das Kind muss innerlich die alte Last der frühen Verantwortung wieder loslassen und den Eltern zurückgeben. Natürlich ist die Kindheit schon lange vorbei. Was geschehen ist, ist geschehen. Und trotzdem befreit dieser innere Schritt auch nachträglich. Es ist so, als ob man einen schweren Stein aus der Kindheit lange mit sich herumgetragen hat. Jetzt ist der Zeitpunkt gekommen, ihn wieder – mit Achtung – den Eltern symbolisch vor die Füße zu legen. Damit schrumpft man gleichzeitig auf die richtige Größe.

Für Menschen in helfenden Berufen kommt noch etwas

dazu. Kein Therapeut kann seinem Klienten die Lasten abnehmen, die dieser trägt. Ein Therapeut mit diesem Glauben überschätzt sich selbst und unterschätzt seine Klienten. Oft sind es alte Energien aus der Familie, die es schwer machen, zu einer realistischen Einschätzung der eigenen Verantwortung und des Potenzials der Klienten zu kommen.

Jeder Mensch hat neben den Schwächen auch viele Stärken. Es gibt immer die erwachsene Seite in den Klienten, eine Seite, die verantwortlich ist und ihren Teil zum aktuellen Unglück beiträgt. Für eine erfolgreiche Therapie ist es wichtig, dass diese Seite miteinbezogen wird. Je mehr ein Therapeut einen verantwortlichen Erwachsenen vor sich sieht und kein Opfer und Unglückslamm, desto mehr kann er seine Klienten unterstützen.

Auf dieser Ebene teilen Therapeuten Erfahrungen mit ihren Klienten. Sie kennen viel von dem, was ihre Klienten erleben, aus ihrem eigenen Leben. Die innere Haltung, die daraus erwächst, ist diejenige des Respekts und der Achtung. Diese Achtung verändert das Verhältnis von »groß« und »klein«. Der Helfende wird dadurch kleiner, er kommt auf die gleiche Größe wie derjenige, dem er hilft. Er steht jetzt als Mitmensch neben ihm.

Achtung löst und trennt in einer guten Form. Doch das hat einen Preis. Wer den Klienten mit seinem Schicksal achtet, lässt ihn ein Stück mehr allein mit seinem Leben und seinen Lasten. Damit stehen auch der Therapeut und die Therapeutin selbst mehr allein da. Wenn sie sich vorher durch das Helfen von eigenen Problemen ablenken konnten, hört das damit auf. Das Schlimme im eigenen Leben taucht jetzt wie von selbst stärker auf.

Wer den anderen achtet, stärkt ihn dadurch auch. Die Achtung des Therapeuten gibt dem Klienten Kraft und Mut. Und es wirkt ebenso in die andere Richtung: Auch der Therapeut gewinnt dadurch an eigener Kraft, um mit dem in seinem Leben in Frieden zu kommen, dem er bisher ausgewichen ist.

# Was der Beruf geben kann und was nicht: Über Anerkennung, Macht und Geld

»Berufe« gehören nicht zum Anfang der Menschheit. Denn Beruf bedeutet Spezialisierung. Aus Sammlern und Jägern wurden irgendwann Bauern. Die Menschen taten alles, um ihr Überleben, ihren Lebensunterhalt und den ihrer Angehörigen zu sichern. Jeder erledigte autark so viel er konnte, auch wenn in den kleinen Gemeinschaften gegenseitige Unterstützung und Austausch an der Tagesordnung waren.

Dann entstanden Städte, und das Stadtleben sorgte dafür, dass sich immer mehr Spezialisierungen herausbildeten. Schneider, Bäcker, Waffenschmiede und Gaukler waren einige der ersten Berufe. Sie waren die Vorläufer unserer komplexen Industrien, die sich auf Textilien, Lebensmittel, Rüstung oder Unterhaltung spezialisierten. Der Einzelne wurde zum Fachmann oder zur Fachfrau auf einem bestimmten Gebiet – als Schauspieler, Ärztin, Automechaniker, Politikerin oder Sozialarbeiter. Beruf ist heute eine (meist) dauerhafte Tätigkeit, bei der sich Kompetenzen auf einem bestimmten Sachgebiet entwickelt haben.

Eine gute Grundlage für das, was der Beruf geben soll, ist

die Bedürfnispyramide nach Maslow. Auf der elementaren ersten Stufe geht es um die körperlichen Existenzbedürfnisse. Es geht um Wohnraum, Nahrung und Gesundheit, um das, was es braucht, um zu überleben. Hier passt heute der Begriff »Job«. Jemand muss Geld verdienen und gibt seine Arbeit als Einsatz. Welche Tätigkeit er ausübt, ist nicht entscheidend. Dafür erhält er Bezahlung, die sein Leben sichert. Fragen nach Selbstverwirklichung, Erfüllung und ähnlichem sind zweitrangig. Wer putzt, um seiner Familie den Lebensunterhalt zu sichern, hat für derartige Gedanken nicht den Kopf frei. Das sind dann »Luxusfragen« der nächsten Stufen.

Wenn das Grundbedürfnis nach Überleben erfüllt ist, treten neue, zusätzliche Bedürfnisse auf. Das nächste Bedürfnis ist das nach Sicherheit und Schutz vor Gefahren. Hierhin gehören z. B. die soziale Absicherung durch einen festen Arbeitsplatz und ein regelmäßiges Einkommen. In früheren Zeiten war es selbstverständlich, dass der Beruf diese Sicherheit verschaffte. Sie war die Grundlage, auf der die nächsten Bedürfnisse gestillt werden konnten.

Diese Bedürfnisse sind auf soziale Beziehungen und den Anschluss an andere ausgerichtet. Während der Einzelne im Privatleben nach Intimität, Liebe und Freundschaft sucht, geht das Bestreben am Arbeitsplatz nach Respekt und kollegialer Zusammenarbeit mit gegenseitiger Wertschätzung. Keiner will bloß mechanisch als Rädchen in einem Getriebe funktionieren, jeder will auch als Mensch gesehen werden.

Schließlich folgen auf der Pyramide Status, Wohlstand, Einfluss, gesellschaftliche Anerkennung privaten und beruflichen Erfolgen. Hierfür steht das Wort »Karriere«. An der Spitze der Pyramide steht das Streben nach Selbstverwirklichung und Entfaltung der persönlichen Talente. Hier geht es um Themen wie Erfüllung, Freude und innere Befriedigung. Entscheidend ist auch, inwieweit der Einzelne seine Tätigkeit als sinnvoll erlebt.

Wenn jemand seinen Beruf als ganz und gar erfüllend erlebt, von klein auf schon danach strebte, dann taucht der Begriff »Berufung« auf. In Berufung steckt »Ruf«. Jemand fühlt sich gerufen, einen bestimmten Beruf zu ergreifen. Für Ordensleute z. B. ist die »Berufung« etwas ganz Zentrales, die sie über viele Hindernisse hinwegträgt.

All diese Bereiche werden auch durch den familiären Hintergrund beeinflusst. Diese Einflüsse können zu Störfeldern werden, die den beruflichen Erfolg erschweren oder verhindern.

## Der unzufriedene Verkäufer
## oder der
## Hunger nach Anerkennung

*Herr Rogner ist Anfang 30 und als Verkäufer in einem großen Autohaus angestellt. Die Arbeit macht ihm große Freude. Er hat gerne Kontakt mit Kunden und verkauft gern.*

*Nur eines vergällt ihm die Arbeit: Er bekommt keine Anerkennung. »Klar sieht mein Chef, dass ich gut verkaufe«, meint er. »Aber ich habe noch nie ein einziges Wörtchen Lob gehört. Dabei bin ich besser als viele Kollegen. Er nimmt das einfach als selbstverständlich. Das wurmt mich und ich überlege, ob ich nicht besser kündige.« Herr Rogner weiß, dass er eigentlich eine sehr gute Stelle hat. Und er fragt sich, woher dieser übergroße Frust kommt. Denn die Kollegen, denen es genauso wie ihm geht, leiden bei Weitem nicht so.*

Wer sich nur wie ein unbeachtetes Rädchen im Getriebe fühlt, wird unzufrieden. Das erlebt Herr Rogner, obwohl sein Betrieb überschaubar ist. Noch häufiger erfahren Arbeitnehmer in großen Betrieben diesen Mangel. Je mehr Menschen zusammenarbeiten, desto größer wird Anonymität. Der Einzelne wird dann oft nur noch auf seine Funktion reduziert.

Menschen sind keine Ameisen, die vom Instinkt getrieben blind ihre Aufgaben erfüllen. Anerkennung ist ein tiefes menschliches Bedürfnis. Es geht darum, gesehen und beachtet zu werden. Die eigene Anstrengung soll gewürdigt, der eigene Beitrag wertgeschätzt werden. Wird das nicht erfüllt, wird die Unzufriedenheit darüber irgendwann der Sand im Getriebe. Dann gibt es Kündigungen, innere oder äußere.

Anerkennung ist in der Praxis Mangelware. Mitarbeiter und Vorgesetzte dürsten gleichermaßen danach. Jeder will sie – kaum einer gibt sie. Am Anfang meiner Tätigkeit als Managementtrainer führte ich ein Kommunikationstraining für Maschinenführer durch. Die Teilnehmer bedienten mit wenigen Hilfsarbeitern große Druckmaschinen. Die reibungslose und gute Zusammenarbeit war deshalb so wichtig, weil jeder Maschinenausfall teure Folgekosten hatte – was immer wieder vorkam.

Ein zentrales Seminarthema war, wie wichtig es für eine gute Zusammenarbeit mit ihren Hilfsarbeitern sei, diese anzuerkennen. Die erste spontane Reaktion der Teilnehmer war negativ: »Erzählen Sie das mal unseren Vorgesetzten! Uns erkennt auch niemand an.« Ein Vierteljahr später erfolgte ein erstes Training mit den vorgesetzten Abteilungsleitern. Wieder war es Thema, wie wichtig Anerkennung für eine gute Zusammenarbeit der Abteilungsleiter mit ihren Maschinenführern sei. An dieser Stelle kam die mir schon bekannte Reaktion: »Erzählen Sie das mal unseren Vorgesetzten! Uns erkennt auch niemand an.«

Die Geschichte ist noch nicht zu Ende. Der Kreis war damit noch nicht geschlossen. Zwei Monate später führte ich das Training mit den Hauptabteilungsleitern durch. Wieder ging es um Anerkennung. Und was ich zu hören bekam, war: »Erzählen Sie das mal unseren Vorgesetzten! Uns erkennt auch niemand an.«

Herr Rogner steht also mit seinem unerfüllten Bedürfnis bei Weitem nicht allein. Bleiben ihm also nur Resignation und der Verzicht auf seinen Wunsch? Vermutlich ergeht es ihm im nächsten Autohaus ja auch nicht besser. Resignation ist allerdings kein besonders kraftvoller und anspornender Zustand. Besser ist es, wenn er zum Verständnis seines Bedürfnisses kommt. Dadurch ändert sich vielleicht etwas an der Intensität seiner Gefühle und er kann möglicherweise etwas von seinem Anspruch am Arbeitsplatz loslassen.

Wie schon oft in den Beispielen vorher gezeigt, scheint die emotionale Reaktion – der Kündigungsgedanke – auf ein Ereignis unangemessen hoch. Der Betreffende selbst findet seine Emotionen allerdings zunächst angemessen, denn er erlebt seine Gefühle unmittelbar. Erst im Vergleich mit anderen wird das Extreme der eigenen Gefühle bewusst. Außenstehende sehen das meist viel deutlicher als derjenige, der in einem solchen Gefühl steckt.

Gibt es Ursachen, die in Kindheit und Familie sichtbar werden? Herr Rogner war das zweite Kind seiner Eltern und hatte noch einen älteren Bruder. Der große Bruder war früh entwickelt und sehr begabt. Die Eltern waren Lehrer, sehr leistungsorientiert, und ihr ganzer Stolz war der erste Sohn. Herr Rogner entwickelte sich als Kleinkind sehr langsam. Nach den anfänglichen Versuchen der Eltern, ihn auf das Niveau seines Bruders zu heben, gaben diese auf. Eigentlich war er eine Enttäuschung für sie, auch wenn sie versuchten, dieses Gefühl zu unterdrücken. Nach außen hin behandelten sie ihn weiter liebevoll. Aber ihre Augen glänzten dann, wenn sie von den Leistungen des älteren Bruders schwärmten.

Das ist eine Wunde in Herrn Rogner, die bleibt, auch wenn sie vergessen scheint. Er fühlte sich von seinen Eltern kaum wirklich wahrgenommen. Als es ihnen nicht gelang, ihn nach ihrem Wunschbild zu formen, achteten sie nur noch wenig auf ihn. Am Arbeitsplatz taucht das ursprüngliche Bedürfnis in seiner kindlichen Form wieder auf. Herr Rogner will – endlich – gesehen und anerkannt werden! Deshalb sein ständiger Hunger nach Aufmerksamkeit, Beachtung und Anerkennung. Oft spüren Umwelt, Kollegen und Vorgesetzte, wenn ein altes Bedürfnis unangemessen groß ist. Es ist unersättlich und hört nicht auf, selbst wenn es zwischendurch befriedigt wird. Auf Dauer nervt das. Statt mehr bekommt dann jemand weniger.

Natürlich gibt es auch ein erwachsenes Bedürfnis nach Anerkennung, das mit Selbstwert und Selbstachtung zu tun hat. Man möchte, dass die beruflichen Leistungen gesehen und gewürdigt werden. In einem guten Arbeitsklima ist das fast selbstverständlich. Aber auch das Gehalt muss den Leistungen, die man erbringt, angemessen sein. Auch darin spiegelt sich die verdiente Anerkennung.

Der feine, aber entscheidende Unterschied zwischen dem kindlichen und dem erwachsenen Bedürfnis nach Anerkennung lässt sich gut am Beispiel eines Schauspielers beobachten. Auch der »erwachsene« Schauspieler lebt von der Aufmerksamkeit, der Beachtung und dem Applaus. Er ist ein ausschlaggebender Maßstab seiner Leistung. Gleichzeitig ist es ein Beruf, der große Fähigkeiten verlangt. Gute Schauspieler arbeiten permanent an der Vervollkommnung ihrer Kunst. Wenn das Publikum durch den fehlenden Beifall zeigt, dass sie schlecht gespielt haben, dann ist das ein Feedback für sie. Sie werden vielleicht die Gründe ihrer schlechten Leistungen analysieren. Und es ist Ansporn, das nächste Mal besser zu sein. Im Grunde will der gute Schauspieler dem Publikum etwas geben und es durch seine Leistung erfreuen und berühren. Er mag seine Zuschauer und es macht ihm Freude, für sie zu spielen.

Dann gibt es den Schauspieler, dem es an dieser erwachsenen Seite mangelt. Ihn interessiert nicht das, was er geben kann, sondern das, was er bekommt. Innerlich treiben ihn die Fragen an: »Bin ich gut?« »Findet ihr mich gut?« Wenn er einmal keinen Beifall erhält, dann wird er deprimiert, fühlt sich ungeliebt und wertlos. Er verknüpft die gekonnte Ausübung seines Berufs mit der grundsätzlichen Frage nach dem eigenen

Wert. Er verwechselt etwas. Das Nachholbedürfnis des Kindes steht im Vordergrund. Er ist bedürftig und hungrig nach Anerkennung. Viele Beispiele für diese unreife Form finden sich in den Fernsehsendungen, in denen Nachwuchsstars als Sänger oder Tänzer gesucht werden. Das Publikum spürt den feinen Unterschied, fühlt sich ein Stück weit benutzt und reagiert eher mit Abweisung oder Belustigung als mit Wohlwollen.

Diese grundsätzliche Frage taucht bei jeder Berufsausübung aus. Wie wichtig ist für jemand der Beitrag, den er durch seine Arbeit gibt? Oder wie weit ist ihm das Bedürfnis wichtig, gut gefunden zu werden? Natürlich hängt es von der Art des Berufs ab, ob Menschen mit einer starken bedürftigen Seite davon angezogen werden. Beim Fernsehmechaniker stehen das Sachliche und seine tatsächliche Leistung im Vordergrund. Ob ihn jemand persönlich mag und gut findet, spielt kaum eine Rolle. Ganz anders ist es beim Politiker, der von möglichst vielen Wählern für gut befunden und gewählt werden will.

Wie schon bei einigen Beispielen vorher ist auch für Herrn Rogner die Unterscheidung ausschlaggebend, was zu seiner Familie gehört und was an seinem Arbeitsplatz angemessen ist. Langsam sieht er ein, was er auseinanderhalten muss. Zu seiner Kindheit gehört die Sehnsucht, von den Eltern gelobt und anerkannt zu werden. Dies ist ein persönliches Thema, das Vorgesetzte und Kollegen erst einmal nicht interessiert. Sie wollen einen Kollegen, mit dem sie sachlich und normal umgehen können.

Als Erwachsener kann Herr Rogner sich auch selbst bestätigen. Und er kann erwachsen mit einem Mangel an Anerkennung umgehen. Er beobachtet seinen Chef und nimmt wahr, wie schwer dieser sich tut, ein lobendes Wort auszusprechen. Dadurch wird ihm klar, dass es nichts mit seiner eigenen Leistung zu tun hat, dass er keine Anerkennung erhält. Es handelt sich um eine persönliche Unfähigkeit seines Chefs, die er sich nicht so sehr zu Herzen nehmen muss.

# Der getriebene Vorstand oder wovor Macht schützt

*Herr Faust, Anfang 50, ist Vorstand in einem großen Unternehmen. Vor einem dreiviertel Jahr hatte er einen Herzinfarkt und eine Bypass-Operation knapp überstanden. Sein Leben lang fährt er auf der Überholspur. Er war Jahrgangsbester in seinem Examen und machte anschließend rasant Karriere. Als harter Sanierer von zwei kleinen Unternehmen machte er sich in seiner Branche einen guten Ruf.*

*»Ich habe mein Leben im Griff, dazu brauche ich niemanden«, meint er. »Aber ich will meine Frau nicht verlieren.« Herr Faust ist zum zweiten Mal verheiratet, hat mit seiner zweiten Frau noch einmal zwei kleine Kinder.*

*»Meine Frau hat mir die Pistole auf die Brust gesetzt. Wenn ich mich nicht mehr um mich und um sie kümmere, will sie mich verlassen. Deshalb bin ich hier.«*

Wie diese Worte schon verraten, ist Herr Faust kein typischer Kandidat für ein Coaching. Sein bisheriger Lebensweg entspricht ganz dem Klischee des Managers, der zielstrebig und ehrgeizig Karriere macht. Hand in Hand damit geht der eigene Anspruch, alles allein auf die Reihe zu bekommen. Er braucht keine Beratung und Unterstützung. Das ist für ihn ein Zeichen von Schwäche, die er nicht kennt.

Ist Herr Faust ein »Narzisst«? Immer wieder geistert heute der Begriff des Narzissten durch die Beschreibungen von Chefs und Führungspersönlichkeiten. Unter einem Narzissten wird im Allgemeinen ein Mensch verstanden, der sich sehr auf sich selbst bezieht, dabei andere ausnutzt und mit einem großartigen äußeren Erscheinungsbild sein brüchiges Selbstwertgefühl zu kompensieren versucht.

Meist wird das Wort »Narzisst« nicht als neutrale Beschreibung bestimmter Wesenszüge gebraucht, sondern ist ein abwertender Begriff, manchmal fast ein Schimpfwort. Man betrachte nur den Buchtitel »Narzissten, Egomanen, Psychopathen in der Führungsetage« des Schweizer Psychologen Gerhard Dammann, der über Chefs, die ihre Untergebenen quälen und um Zuneigung buhlen, schreibt. Er bezeichnet den Narzissmus als die Leitneurose der Gegenwart. Da gibt es dann krankhafte Narzissten, die als Blender Unternehmen ruinieren und – glücklicherweise auch – produktive Narzissten, als den er Alfred Herrhausen als Beispiel nennt, mit einer visionären Kraft, »wie man sie immer wieder bei Narzissten findet.«

Solche Etikettierungen mögen Leser anziehen. Sie eignen sich auch gut dafür, um sich zu empören. Gleichzeitig verengen sie den Blick. Ein hilfreicher, klarer Blick auf persönliche Themen, die hinter solch einem Verhalten stehen, wird so erschwert. Jemand wie die Traumatherapeutin Diane Poole Heller ist eher eine positive Ausnahme, wenn sie davon spricht, dass sich hinter einer narzisstischen Persönlichkeitsstörung ein enormer Schmerz verbirgt und dass es letztlich um das Wiederfinden der Herzlichkeit geht.

Zurück zu Herrn Faust. Er meint, vor einem Jahr wäre es für ihn noch undenkbar gewesen, einen Termin für ein Coaching auszumachen. Er wäre nicht hier, wenn nicht zwei Ereignisse zusammengekommen wären. Zum einen hat ihn der Herzinfarkt mit der Bypass-Operation erschüttert. Gerade eine Operation, bei der die Brust geöffnet wird, ist ein so gravierender Eingriff, der nicht so einfach verdrängt werden kann. Die Schutzschicht um das Herz ist dadurch im wahrsten Sinn des Wortes durchbrochen worden.

Hinzu kommt die Krise in seiner Ehe. Auch wenn jemand noch so unberührbar scheint – jede Scheidung ist ein Scheitern und schmerzhaft. Wem das zum zweiten Mal droht, gerade wenn noch Kinder mit im Spiel sind, dann rüttelt das auf. Die Sicherheit nach außen kann nicht mehr mit der alten Kraft aufrechterhalten bleiben. Deshalb ist Herr Faust über seinen Schatten gesprungen und zum Coaching gekommen.

»Meine Frau sagt, ich würde sie wie ein Möbelstück für selbstverständlich nehmen. Sie fühlt sich überhaupt nicht richtig von mir wahrgenommen. Und mein Herzinfarkt sei kein Zufall, meint sie. Ich nähme auch zu wenig Rücksicht auf mich.« Nun mag der Auftrag eines Partners, zu einer Beratung zu gehen, ein nützlicher erster Schritt sein. Aber wie sieht Herr Faust selbst seine Situation? »Meine Frau liegt mir ja schon lange in den Ohren. Ich habe das bisher eigentlich anders gesehen. Aber seit dem Infarkt frage ich mich, ob sie nicht doch ein Stück recht hat.«

Ein Blick auf den familiären Hintergrund: Der Vater war Buchhalter gewesen. Herr Faust erlebte ihn als streng und unnahbar. Während der Vater selbst mit seiner Arbeit im Büro unzufrieden war, waren ihm besonders die Leistungen seines Sohnes wichtig. Die Mutter kam aus einem reichen Haus, war sehr stolz auf ihren intelligenten Sohn, während sie auf ihren Mann ein Stück herabsah.

Wie ging es ihm da als Kind? »Nun ja, ich wusste, wenn ich gute Ergebnisse nach Hause bringe, dann sind sie mit mir zufrieden. Einmal mit 15 verpatzte ich eine Mathearbeit. Ich wurde behandelt wie ein Schandfleck, der die ganze Familie blamiert und bloßstellt.«

Wenn ein Kind Zuneigung von Eltern nur über Leistungen bekommt, ist das schmerzhaft. Jedes Kind hat Sehnsucht danach, unabhängig von den eigenen Resultaten gemocht zu werden. Dann fühlt es sich grundsätzlich geliebt und nicht nur, weil es den Vorstellungen der Eltern entspricht. Der Schmerz über diesen Mangel wird verdrängt. Aus der Not wird eine Tugend gemacht. Das Bestreben geht nach Leistung. Status und Macht geben Sicherheit. Sie werden zu einem Ersatz für das, was man ursprünglich nicht bekam.

Bei Angehörigen helfender Berufe steht manchmal – vereinfacht – im Hintergrund: »Wenn ich alles meinen Klienten gebe, dann werde ich gemocht.« Diese Hoffnung hat der nach Macht Strebende schon aufgegeben. Für ihn gilt mehr: »Wenn ich schon nicht gemocht werde, so wie ich bin, dann will ich wenigstens respektiert oder sogar gefürchtet werden.« Die Mitarbeiter der Betriebe, die Herr Faust saniert hat, können ein Liedchen davon singen.

Diese Not, die ihn früher so quälte und die ihn zu seinen Erfolgen antrieb, taucht erst allmählich auf. Herr Faust braucht Zeit, sich auf diese Seite seiner Vergangenheit einzulassen. Es erschreckt ihn zu erkennen, wie ähnlich er trotz seines äußeren Erfolgs seinem Vater geworden ist. Er entdeckt die Parallelen seiner Ehe zu der seiner Eltern. Die innere Aussöhnung mit den Eltern braucht viel Zeit. Erst als er anfängt zu sehen, warum seine Eltern so geworden sind, kann er langsam auch ihre versteckte Liebe und Fürsorge hinter all dem Druck entdecken.

Nach ein paar Monaten berichtet er, dass seine Ehe wieder besser geworden ist − trotz aller noch bestehenden Schwierigkeiten. Am meisten ist er davon überrascht, dass er anfängt, ein kollegialeres Verhältnis zu seinen Mitarbeitern zu entwickeln und ihm das selbst sehr viel Freude macht.

## Die sorgengeplagte Produktmanagerin oder wozu Geld dienen kann

*Frau Schneider, geschieden, Anfang 40, hat ein ständiges Problem mit Geld. Als Produktmanagerin in einem Großunternehmen hat sie zwar ein sehr gutes Einkommen. Trotzdem gönnt sie sich sehr wenig. Ihr ganzes Interesse geht danach, ihr Geld gut anzulegen. In ihrer Freizeit beschäftigt sie sich stundenlang mit den neuesten Aktienentwicklungen. Oft macht sie sich Sorgen um die Zukunft ihrer Anlagen, wacht nachts mit Albträumen schweißgebadet auf. Diese Besessenheit beunruhigt sie schon selbst.*

Geld hat viele Seiten. Die primitive und fast unwichtige ist der einfache Gegenstand: runde Stücke von Metall und schmale bedruckte Papierstücke. Die Bedeutung erhalten diese Ojekte durch den Wert, der ihnen gegeben wird. Man kann sie eintauschen für Brot, Kleider und Häuser und kann damit das Überleben sichern. Man kann das Geld auch eintauschen für Schmuck, Sportwagen und Yachten. Das gibt Prestige.

Im Arbeitsleben werden unterschiedliche Arbeiten unterschiedlich hoch entlohnt. Die Krankenschwester erhält weniger Gehalt als der Chefarzt, der Chauffeur des Firmenwagens weniger als der Vorstandschef, den er gerade zum Flughafen fährt. Das jeweilige Entgelt wird zum Maßstab für den Wert der eigenen Leistung. Wer mehr verdient, hat eine wertvollere Leistung erbracht. Manchmal wird es noch simpler verknüpft: Wer mehr verdient, ist mehr wert – wer weniger verdient, ist infolgedessen weniger wert.

Wenn jemand ein auffallendes Verhältnis zum Geld hat, dann verbergen sich oft andere Bedürfnisse dahinter. Es gibt unzählige Verknüpfungen, deren Darstellung ein eigenes Buch füllen würde. Frau Schneider ist hier nur ein Beispiel für eine der vielen Möglichkeiten. Was ist das Bedürfnis, das hinter ihrer ängstlichen Sorge um Geld steht?

Auch hier ist wieder der familiäre Hintergrund von Interesse. Sie ist Einzelkind und in behüteten Verhältnissen aufgewachsen. Beide Eltern haben gearbeitet, der Vater als Industriekaufmann, die Mutter in einem Labor als medizinisch-technische Assistentin. Gab es in ihrer Familie in dieser oder auch in früheren Generationen ein spezielles Thema mit Geld oder Geldverlust? Nein, es ist ihr nichts bekannt.

Mehr erschließt sich manchmal bei einem genaueren Blick auf die Kindheit. Fällt hier etwas auf? Kurz nach ihrer Geburt hatte ihre Mutter einen schweren, fast tödlichen Autounfall und war zwei Monate lang im Krankenhaus. In den zwei Jahren danach musste die Mutter häufig für längere Zeit wegen komplizierter Nachoperationen ins Krankenhaus. Da der

Vater sich wegen seiner beruflichen Tätigkeit nicht um das Kind kümmern konnte, erklärten sich zwei Tanten bereit, das Kind immer abwechselnd bei Bedarf zu übernehmen.

Plötzlich werden überraschende Parallelen deutlich. Frau Schneider sucht durch Geld Sicherheit. Dafür wendet sie enorm viel Zeit auf. Gleichzeitig ist sie immer unruhig, weil sie diese Sicherheit nicht findet. So könnte auch die Beschreibung ihrer ersten zwei Lebensjahre lauten. Da ist ein Baby, das oft von der Mutter getrennt wird und mit seinen feinen Antennen viel vom Entsetzen des Unfalls und vom Stress der Krankenhausaufenthalte mitbekommt. Sicherheit gibt es nirgends, denn sie wird häufig von einer Wohnung zur anderen, von einer Tante zur nächsten geschickt. Geld soll ein Gefühl von Sicherheit, die sie nie erlebt hat, vermitteln. Frau Schneider könnte Millionen auf ihrem Konto haben, ohne dass etwas von der zugrunde liegenden Unruhe verschwinden würde.

Die wesentliche Person, die einem Kleinkind Sicherheit geben kann, ist die Mutter. Das ist ihre eigentliche Suche. Schon allein diese Erkenntnis und ihr Nachspüren, dass es wirklich so ist, erleichtern Frau Schneider. In weiteren Gesprächen geht es um die nachträgliche Annäherung an die damals nicht verfügbare Mutter. Das ist nicht einfach, bisweilen sehr schmerzhaft. Gleichzeitig lässt die zwanghafte Beschäftigung mit Geldanlagen bei Frau Schneider nach. Sie schläft besser und fängt an, sich ab und zu etwas von ihrem Gehalt zu gönnen. Sie genießt es richtig, Geld für sich auszugeben.

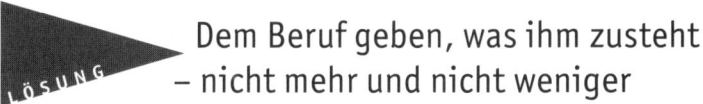

# Dem Beruf geben, was ihm zusteht – nicht mehr und nicht weniger

Bevor jemand dem Beruf geben kann, was ihm zusteht, muss er wissen, was er vom Beruf will, was er sich von seiner beruflichen Tätigkeit verspricht oder erhofft. Es gibt weit verbreitete praktische Bedürfnisse nach Einkommen, einer gewissen

Beständigkeit und einer interessanten Tätigkeit. Sie gehören zur Basis und sind unproblematisch.

Dann gibt es Bedürfnisse, die darüber hinausgehen wie die nach Anerkennung, Selbstwert und Sicherheit. Auch die haben grundsätzlich Platz im Beruf. Aber bisweilen sind die Bedürfnisse zu groß, als dass sie der Beruf erfüllen kann. Es sind kindliche Bedürfnisse, die noch aus der Vergangenheit mitgeschleppt werden.

Der entscheidende Unterschied ist: Richtet jemand konkrete erfüllbare Erwartungen an den Beruf? Oder unerfüllbare Hoffnungen und Sehnsüchte? Für die ersteren sollte er sich mit seiner ganzen Kraft engagieren. Letztere wird er nie erfüllen, deswegen sollte er zu den Wurzeln schauen, um sie zu verändern.

Das ist nicht leicht zu unterscheiden, denn die eigenen Sehnsüchte sind so selbstverständlich, dass sie einem selbst wie realistische Erwartungen erscheinen. Wenn Bedürfnisse sehr extrem sind und die Frustration im Beruf groß ist, dann ist der Blick zurück zur eigenen Kindheit und Familie sinnvoll. Meist kommen solche Wünsche daher und entstammen alten Verwundungen.

Manchmal genügt diese Einsicht, damit der Beruf frei wird von Erwartungen, die woanders hingehören. Aber bisweilen muss man sich noch einmal mit dem Gepäck, das man aus seiner Vergangenheit mitschleppt, auseinandersetzen. Oft ist Unterstützung dabei hilfreich. Manche Wunden lassen sich heilen, andere gehören einfach mit zum eigenen Leben. Sie sind ein Teil des Menschseins. Was für das Kind noch unerträglich war, das kann der Erwachsene langsam fassen.

Es gibt Bedürfnisse, für die das Privatleben zuständig ist. Deswegen ist die Trennung von Privat- und Berufsleben sinnvoll. Je mehr beides ineinanderfließt, desto verworrenere Situationen können sich ergeben. Wenn z. B. die Kollegen – mangels anderer Freunde – gleichzeitig die besten Freunde sind, dann wird das Verhältnis in dem Moment schwierig, in dem einer aufsteigt, ja möglicherweise sogar zum Vorgesetzten wird.

Jeder Mensch hat Sehnsucht nach Nähe und Offenheit. Wer solche Bedürfnisse allein über den Beruf erfüllen will, wird frustriert. So weit trägt der Beruf nicht. Dafür ist er nicht gemacht. Im Privatleben ist der Platz für die persönlicheren Bedürfnisse. Deshalb sind Freunde, Familie und partnerschaftliche Beziehungen so wichtig. Oder die Zeit, die sich jemand nimmt, um Hobbys und außerberuflichen Interessen nachzugehen. Darin findet er Kraft und Substanz, die dann wiederum in die Arbeit einfließen. Oder finden Sie die folgende Bemerkung eines unbekannten Denkers verkehrt? »Wenn einer auf seinem Sterbebett zurückblickt, wird er selten bedauern, zu wenige Stunden im Büro gewesen zu sein.«

Auch wenn jemand seine berufliche Rolle voll ausfüllt, gibt es noch ein anderes Ich. Auch dieses andere Ich braucht Raum, Nahrung und Aufmerksamkeit. Bedürfnisse, die auf Dauer zu kurz kommen, blockieren die Leistung. So spricht der amerikanische Coach von Spitzensportlern James E. Loehr davon, dass emotionale Bedürfnisse, besonders solche, die mit Selbstachtung und Selbstwertgefühl zu tun haben, vor Beginn des Wettkampfs in angemessener Weise befriedigt worden sein müssen. Sonst sind Probleme mit den Nerven, Selbstzweifel, Frustration und Abwertung der eigenen Leistung unvermeidlich. Das gilt auch für den alltäglichen Wettkampf im Beruf.

Bisweilen gibt es einen großen Unterschied, wie jemand sich in seinem beruflichen Alltag fühlen muss, um sein Bestes zu geben, und wie er sich dahinter tatsächlich fühlt. Klafft das auf Dauer zu weit auseinander, wird er immer mehr zur bloßen Hülle und das reale Ich zieht sich zurück. Die Fassade steht im Vordergrund und der reale Kern versteckt sich. Man wird künstlich. Ein Teufelskreis setzt ein. Die daraus resultierenden inneren Spannungen werden nur über noch mehr Einsatz und Arbeit bewältigt.

Was steht dem Beruf zu? Mit der Arbeit verbringen Menschen einen Großteil ihres Lebens. Wenn jemand hier zufrieden ist, hat er einen großen Schritt zu einem guten Leben getan. Wer verantwortlich in seiner Arbeit ist, besitzt eine große Qualität, die sowohl ihn wie seine Umgebung bereichert. Wer sich engagiert, hat mehr Freude an dem, was er tut. Er empfindet Genugtuung über die Resultate und verbindet sich mit den Ergebnissen.

Wer Fernseher repariert, ist stolz auf sein Ergebnis und freut sich an der Zufriedenheit seiner Kunden. Wer im Büro als Steuerberater am Computer sitzt, weiß, dass er eine wichtige Aufgabe für seinen Mandanten und die Allgemeinheit erfüllt. Wer als Unternehmer oder Unternehmerin ein sinnvolles Produkt produziert, hat die Genugtuung, dass er seine Kunden zufriedenstellt und gleichzeitig seinen Mitarbeitern den Lebensunterhalt sichert. Jeder von ihnen identifiziert sich mit dem, was er tut, und gibt damit seiner Arbeit und sich selbst Wert. Das ist außerdem eines der besten Vorbeugungsmittel gegen Stress.

Umgekehrt gilt: Wer sich in seiner Arbeit nicht verantwortlich fühlt, ist nicht ganz da. Er zieht sich ein Stück heraus, kündigt innerlich und schneidet sich von sich selbst ab. Er arbeitet, weil er Geld verdienen muss. Das Geld ist dann die Entschädigung für eine sinnlose Lebens-Plackerei. Damit beginnt, wie der Flow-Forscher Csikszentmihalyi feststellt, ein Teufelskreis. Je mehr eine Person nur durch äußere Belohnung motiviert wird, desto weniger wird sie aus sich selbst zufrieden und desto mehr äußere Belohnung sucht sie. Die Lebenszeit wird vergeudet, da sie keine Bedeutung für einen persönlich gewinnt. Das schwächt und frustriert auf Dauer.

Der amerikanische Autor David Deida unterscheidet in unserem Beziehungsleben drei Entwicklungsstadien, die mir gut auch auf unsere Haltung zur Arbeit anwendbar scheinen. Das erste Stadium ist das egoistische. Da geht es darum, erst einmal für sich zu sorgen, auch den eigenen Weg zu finden.

Das zweite Stadium ist sozial. Es geht darum, mit anderen Menschen zusammenzuarbeiten. Dazu lernt man, andere Standpunkte einzubeziehen, auf andere Rücksicht zu nehmen und Kompromisse zu finden. Im dritten Stadium steht dann das Geben im Vordergrund. Jemand will durch seine Arbeit einen Dienst an der Gemeinschaft zum Wohl der anderen leisten.

Wenn bei jemandem die Karriere im Vordergrund steht, kann das zwei unterschiedliche Gründe haben (die sich im Normalfall auch mit unterschiedlichen Anteilen mischen). Es kann die egoistische, aber eigentlich bedürftige Seite im Vordergrund stehen. Karriere dient dazu, höher zu steigen, mehr Ansehen zu gewinnen, mehr Beachtung zu bekommen und von seiner Umwelt wichtig genommen zu werden. Dann steht das »Bekommen-Wollen« im Vordergrund, was zu gewaltigen Leistungen antreiben kann.

Eine andere Seite kann sein, dass jemand etwas schaffen und bewirken will. Je höher er auf der Karriereleiter steigt, desto weiter reichen seine Möglichkeiten. Wer eine große Vision hat, der braucht Einfluss und Macht, um etwas verändern zu können. Hier steht das »Geben-Wollen« im Vordergrund. Das ist vermutlich die erfüllendste Form, die Arbeit haben kann.

# Die Tradition des Misserfolgs unterbrechen oder Familie reicht weit über die Eltern hinaus

Bisher ergaben sich die geschilderten Störfelder für den beruflichen Erfolg meist aus der Verbindung der Kinder mit ihren Eltern. Auch wenn die Stärke dieses Bandes auf den ersten Blick erstaunt haben mag, so überrascht sie weniger auf den zweiten Blick. Ziehen doch im Regelfall die Eltern ihre Kinder auf und sind so ihre stärksten und wichtigsten Bezugspersonen. Das Leben eines Kindes ist von ihrer Fürsorge und ihrer Freigiebigkeit abhängig. Kein Wunder, dass schon das Kleinkind alle Antennen darauf ausrichtet, sich dieses Wohlwollen nicht zu verscherzen.

Die Verbindungen zwischen Kindern und Familie reichen aber weit über die Eltern hinaus. Familie ist ein Netz, das mindestens über drei, manchmal über noch mehr Generationen konkret fassbar ist. Wie solche Dynamiken und Energien sich auswirken, zeigen die folgenden Beispiele.

# Die von Krisen gebeutelte Geschäftsfrau oder wenn der Großvater wichtig ist

*Frau Troller ist Unternehmerin. In den letzten zwanzig Jahren hat sie ihr eigenes Einzelhandelsgeschäft aufgebaut. Dank ihres unermüdlichen Einsatzes und ihres großen Geschicks im Umgang mit Menschen war ihr Geschäft von Anfang an ein Erfolg.*

*Ihr Dilemma ist: Sie schafft es immer wieder, immer dann wenn es reibungslos und gut läuft, sich in eine Krise hineinzumanövrieren. Beim ersten Mal verkrachte sie sich aus nichtigem Anlass mit ihrem Hauptlieferanten, beim zweiten Mal hatte sie plötzlich die Idee, sie bräuchte eine Marketingkampagne, um den Erfolg zu sichern, und verpulverte ihre finanziellen Reserven.*

*Jetzt ist es das dritte Mal. Die letzten drei Jahre lief das Geschäft hervorragend. Von einem Tag auf den anderen fühlte sie sich so kraftlos und deprimiert, dass sie sich überlegte, ihr Geschäft zu verkaufen. Eine gründliche Untersuchung beim Hausarzt ergab, dass sie absolut gesund ist..*

*»Eine Konstitution wie ein Pferd haben Sie«, meinte er nur.*

Frau Troller ist leidenschaftlich gern Unternehmerin. Sie setzt sich für ihren geschäftlichen Erfolg ein und hat alles getan, um ihn zu erreichen. Allerdings hat sie zweimal schon den angestrebten Erfolg durch eigenes Handeln sabotiert, durch Krach mit dem Hauptlieferanten und durch die teuere Marketingkampagne. Dann musste sie wieder von Neuem kämpfen, statt auf dem Erreichten weiter aufzubauen. Rückschläge gehören zwar mit zum Leben. Aber sie hat diese Rückschläge ganz offensichtlich provoziert.

Jetzt fühlt sie sich ohne ersichtlichen Grund kraftlos und deprimiert. Wieso hält sie den Erfolg nicht aus? Gibt es da irgendeine verkappte pathologische Seite in ihr? Eine aggressive Seite, die sie gegen sich selbst richtet?

Zunächst ist der Blick auf den familiären Hintergrund wenig erhellend. Der Vater von Frau Troller war beruflich erfolgreich und zufrieden. Die Eltern hatten vier Kinder und führten eine glückliche Ehe. Die Mutter war Hausfrau und mit ihrem Leben im Reinen. Frau Troller ist das jüngste Kind.

Wer nach Ressourcen und Störfeldern aus der Familie sucht, für den sind die Berufswege in der weiteren Vergangenheit der Familie bedeutsam. Es geht nicht nur um die Eltern, sondern auch um die Generationen davor. Hatte jemand in ihrer Familie beruflichen Misserfolg?

Bei einem Mann richtet man dabei den ersten Blick auf den Vater, dann auf die Großväter und Urgroßväter, aber auch auf Onkel und Großonkel. Bei einer Frau wie beispielsweise Frau Troller geht der erste Blick zu dem Berufsweg der Frauen in der Vergangenheit, von der Mutter über die Großmütter, Urgroßmütter, bis zu den Tanten und Großtanten. Die meisten dieser Frauen waren verheiratet, hatten Kinder und arbeiteten als Hausfrau. Nichts Besonderes fällt ihr bei den Frauen auf. Und bei den Männern?

Sofort fällt ihr einer der Großväter ein. Ihn liebte sie heiß und innig. Er hatte vor dem Krieg ein großes Schuhgeschäft geführt, das im Krieg zerstört wurde. Der Großvater hatte gleichzeitig als Soldat in Russland gekämpft und kam als kranker Mann zurück. Beruflich kam er nicht mehr auf die Beine und musste als Vertreter durch die Lande tingeln, was die ganze Familie als Schande betrachtete. Aber die Enkelin schloss ihn in ihr Herz. Frau Troller treten sogar Tränen in die Augen, als sie seine letzten Jahre schildert und wie negativ ihn die restliche Familie gesehen hat.

Der Stamm des Apfelbaums ist über lange Zeit gewachsen. Er umfasst mehr als nur die gegenwärtige Generation der Eltern mit den Kindern. Großeltern sind stets wichtig. Auch Onkel und Tanten sind bedeutungsvoll. Bisweilen spielen die

Urgroßeltern noch eine wichtige Rolle. Die Loyalität zur Familie reicht weit über die Eltern hinaus.

Sollte Frau Troller auf diese Weise ihrem Großvater gegenüber loyal sein? Auch wenn sie selbst davon überrascht ist – Sinn macht ihr diese Idee sofort. »Ja, es wäre schon eine Art Verrat, wenn ich dauerhaft auf der Sonnenseite des Lebens segle, gerade mit meinem Erfolg im Beruf, wo der Opa sich doch so angestrengt hat und es nicht mehr geklappt hat.« Bei diesen Sätzen ist ihr anzusehen, wie sehr sie diesen Großvater geliebt hat.

Ob sie glaubt, dass ihr schon lang verstorbener Großvater glücklich wäre, wenn er sehen könnte, wie sie aus Treue zu seinem Misserfolg das eigene Geschäft ruiniert? Diese Frage bringt sie in eine ganz neue Richtung. Aber sie muss nicht lange nachdenken. »Nein, natürlich nicht. Er würde wollen, dass es mir gut geht und dass ich Erfolg habe.« Damit ist der Weg in eine neue Richtung frei.

Ob sie sich vorstellen kann, dass ihr Großvater sich trotz seiner beruflichen Niederlage freuen würde, wenn sie in Zukunft voller Kraft und Schwung die Aufgaben in ihrem Geschäft erledigt? Obwohl sie sofort bejahen möchte, fällt ihr das Ja doch schwerer, als sie vermutet hätte. Denn mit einem Ja löst sie die blinde Treue auf, die sie bisher mit dem Unglück des Großvaters verbunden hatte. Sie braucht noch Zeit dafür.

Erst in der nächsten Stunde kann sie zustimmen. In dieser Stunde ist eine Last von ihrem Herzen gefallen. Die Kraftlosigkeit und die depressive Stimmung verschwinden schon in den nächsten Tagen.

# Der spielsüchtige Großonkel
## oder wie
## schwarze Schafe vertreten werden

*Herrn Zellberger quält sein ständiger beruflicher Misserfolg. Schon an der Universität hatte er zwei Studiengänge erfolglos abgebrochen, bevor er mit Ach und Krach ein BWL-Studium schaffte. Wegen seines einnehmenden Wesens fand er immer wieder eine Stelle, die er meist von sich aus nach kurzer Zeit wechselte, ohne je wirklich Fuß zu fassen. Auch Geld kann er nicht behalten. Was er verdient, gibt er sofort wieder aus. Ein Teil in ihm möchte gerne eine Arbeitsstelle behalten. Er war schon in Firmen, wo es ihm wirklich gut gefallen hat. Aber irgendetwas, das er selbst nicht versteht, treibt ihn immer weiter.*

Ist es der »innere Schweinehund«, der Herrn Zellberger immer wieder dazu zwingt, gute Arbeitsplätze zu verlassen? Aber wieso? Im Grunde will auch der sogenannte Schweinehund seinem Träger nichts Böses. Er hat eigentlich immer eine versteckte gute Absicht. Die zu erkennen ist wesentlich, um bisher störendes Verhalten zu ändern. Aber was könnte Positives hinter einem solchen Verhalten stecken, das den Träger immer weiter ins Unglück stürzt?

Zudem stammt Herr Zellberger aus einer angesehenen und wohlhabenden Familie, deren Mitglieder seit mehreren Generationen als Bankiers arbeiten. Auch er war eigentlich für eine solche Laufbahn bestimmt gewesen. Würde in dieser Situation die Treue zur Familie nicht verlangen, beruflich als Bankier erfolgreich zu sein? Handelt er vielleicht aus einer Trotzreaktion heraus? Aber woher soll die kommen, zumal er sichtbar unter dem eigenen Verhalten leidet und keineswegs stolz darauf ist.

Erst die genauere Untersuchung der Familiengeschichte

erbringt erste Indizien. Eine wichtige Frage zur Erforschung ist: Gibt es jemanden in der Familie, der beruflich erfolglos war? Ja, ein Bruder des Großvaters war sehr leichtsinnig gewesen und hatte dann angefangen, zu spielen und sein Erbe durchzubringen. Die restliche Familie hat den Kontakt mit ihm abgebrochen. Er war dann irgendwann verarmt und vereinsamt gestorben. Kein Mensch in der Familie erwähnt ihn. Nur durch Zufall, als er einmal alte Familienunterlagen durchblättert, hat Herr Zellberger von ihm erfahren.

Nun gut, es gibt wahrscheinlich in jeder Familie in der näheren oder weiteren Vergangenheit derartige »schwarze Schafe«. Herr Zellberger hat ihn nie kennengelernt, weiß ja überhaupt nur zufällig von seiner Existenz. Wieso soll dieser Großonkel für ihn relevant sein?

Erst das Wissen um die Gesetzmäßigkeiten in Familien rückt diesen vergessenen Großonkel mehr ins Licht. Bei der Entwicklung der Aufstellungsarbeit war eine bedeutsame Erkenntnis von Bert Hellinger: Wird einer in einer Familie ausgeschlossen, so wie obiger Großonkel, dann wird ihn ein späteres Mitglied vertreten, indem es sich selbst ähnlich verhält und ähnlich fühlt. Ein Kind ist dann später mit dieser ausgeschlossenen Person »verstrickt«, d. h. in der Tiefe mit ihm so stark verbunden, dass er ihn im eigenen Leben nachahmt. Das geschieht wie zwanghaft, ohne es zu wissen und zu wollen.

Es ist dazu nicht nötig, dass beide sich persönlich kennen. Ja, es kommt sogar vor, dass jemand mit einem Mitglied verstrickt ist, von dessen Existenz er gar nichts wusste. Diese Erkenntnis macht verständlich, warum immer wieder einzelne Mitglieder aus gutbürgerlichen Familien scheinbar grundlos ausscheren, ohne dass irgendeiner – sie selbst mit eingeschlossen – versteht, warum sie das tun.

Entscheidend für die Situation von Herrn Zellberger ist, ob er mit dieser Möglichkeit etwas anfangen kann. Er berichtet, dass es ihn seltsam berührt hat, als er damals in den Unterlagen von dem Großonkel erfuhr. Er erinnert sich noch an das

Foto, das den Onkel in jungen Jahren zeigt. Und sympathisch war er ihm auch.

Ich bitte Herrn Zellberger, sich einmal dieses Bild innerlich wieder herzuholen, sich den Onkel vorzustellen und ihm zu sagen: »Du bist nicht vergessen. Ich bin dir treu und mache es so wie du.« Herr Zellberger folgt dem Vorschlag. Plötzlich treten ihm Tränen in die Augen und er meint: »Ich glaube, es stimmt.« Zeigt diese Reaktion eine solche Verbindung? Skeptiker werden das bezweifeln. Vielleicht wurde durch den Vorschlag Herrn Zellberger etwas suggeriert? Nach meiner Erfahrung allerdings kann man solchen spontanen Regungen sehr vertrauen. Ein Ja kommt ja nicht bei jedem Vorschlag. Oft wird auch etwas verneint. Wenn dann aber das Ja auftaucht und es auch gefühlt wird, dann ist das immer von Bedeutung.

Die Verbindungen, die sich in einer solchen Loyalität zeigen, erweitern das Verständnis, was Familie heißt. Jede Familie hat einen festen inneren Zusammenhalt, ganz gleich, wie zerrissen sie äußerlich scheinen mag. Jedes Mitglied einer Familie gehört in gleicher Weise dazu und gehört geachtet. Wird jemand aus der Familie ausgeschlossen, ist das ein Unrecht.

Natürlich führt es in einer Familie zu Konflikten, Streit und Ärger, wenn ein Mitglied im Spiel sein Erbe durchbringt, wie dieser Großonkel. Wird er aber so behandelt, als ob er nicht mehr dazugehörte, dann gerät etwas in Ungleichgewicht.

Eine Familie über mehrere Generationen hinweg lässt sich mit einem Mobile vergleichen. Wenn ein Ungleichgewicht entsteht, erfolgt eine Reaktion an einer anderen Stelle, um das Gleichgewicht wieder herzustellen. Die Kinder sind am empfänglichsten für alle Energien im System und sie stellen sich voll in den Dienst des Gleichgewichts. Deshalb vertritt diesen Großonkel ein später geborenes Mitglied, dem es in seinem Leben ähnlich ergeht.

Ereignisse in einer Familie wirken weiter. Selbst wenn ein solcher Ausschluss eines Familienmitglieds von allen verdrängt und zum Familiengeheimnis wird, löst sich das Geschehene nicht in Luft auf, sondern »geistert« im Familiensystem herum.

Gerade Familiengeheimnisse haben deshalb oft eine große Wirkung. Die Neuankömmlinge in einer Familie, nämlich die Kinder, spüren diese Energien und nehmen sie auf. So sind sie bisweilen mit ihren Vorfahren »verstrickt«, indem sie deren Haltungen, Gefühle, Schicksale übernehmen. Jeder trägt die für das Familiensystem erforderliche Rolle.

Der Grund ist eine besondere Treue zu den Ausgeschlossenen. Es ist eine kindliche Liebe, die keine Rücksicht auf sich selbst nimmt. Sie zeigt sich in den Tränen von Herrn Zellberger, als er sich seinen Großonkel vor sein inneres Auge holte und ihn ansah.

Es dauert ein paar Generationen, bis etwas in der Vergangenheit zur Ruhe kommen kann. Das Schlimme in der zeitlichen Nähe überdeckt das, was früher war. So haben in Deutschland das Dritte Reich und der Zweite Weltkrieg das meiste von dem, was vorher geschehen war, in den Hintergrund treten lassen. In der Schweiz z. B., die davon nicht unmittelbar betroffen war, reicht die Wirkung vergangener gravierender Ereignisse wenigstens eine Generation weiter.

## Die gemobbte Assistentin oder das geborene Opfer

*Frau Nagold ist seit zwei Wochen krankgeschrieben. Sie arbeitet als Assistentin in der Forschungsabteilung eines Unternehmens mit fünf anderen Kolleginnen eng zusammen. »Ich konnte einfach nicht mehr. Ich wurde immer misstrauischer und nervöser. Denn ich werde von meinen Kolleginnen systematisch gemobbt. Sie reden nur das Nötigste mit mir und schneiden mich ansonsten völlig. Sie wollen mich zur Kündigung bringen.«*

*Eine Freundin hat ihr geraten, sich zu wehren und Unter-*
*stützung zu holen. Eigentlich glaubt Frau Nagold kaum an*
*solche Möglichkeiten. »Ich bin eben das geborene Opfer. An*
*mir können die anderen ihre Wut rauslassen.«*

Mobbing scheint sich immer weiter zu verbreiten, vom Arbeitsplatz bis zum Schulhof. Die Schätzungen für die momen-
tane Zahl der Mobbingbetroffenen in Deutschland belaufen
sich nach Wikipedia auf über eine Million Erwerbstätige. Gemeint ist mit Mobbing der Psychoterror am Arbeitsplatz,
meist um jemand aus einem Betrieb hinauszuekeln. Ein Mit-
tel dazu ist das Meiden und Ausgrenzen einer Person. Immer
wieder geht Mobbing auch von einer Gruppe von Kollegen
aus. Wird Frau Nagold also in ihrer Abteilung von bösartigen
Kolleginnen terrorisiert?

Gleichzeitig ist Mobbing eine Art Modewort. Wer früher
von Kollegen geschnitten wurde, war auch damals verletzt,
mochte sich darüber ärgern und beklagen. Außenseiter gab
es schon immer. Ein ähnliches Verhalten der Kollegen wird
heute als Mobbing bezeichnet. Wenn Frau Nagold sich als
»gemobbt« empfindet, bringt ihr das einen großen Vorteil:
Wer gemobbt wird, ist automatisch ein Opfer. Er erklärt sich
damit als unschuldig an all dem, was ihm im Büro geschieht.
Beim Mobbing gibt es nur böse Täter und harmlose, wehrlose
Opfer.

Mit dieser plakativen Beschreibung will ich nicht behaupten, dass Mobbing mit Tätern und Opfern nicht wirklich existiert. Es gibt es tatsächlich in der Realität. Da müssen z. B. in
einem Unternehmen Kosten gedrückt werden. Dazu ist es nötig, Leute zu entlassen. Es soll da jemand entfernt werden,
aber es gibt Schwierigkeiten, ihn zu entlassen. Ihm wird das
Leben am Arbeitsplatz so vergällt, dass er irgendwann aufgibt
und kündigt. Das ist Mobbing pur. Oder in einer Abteilung
herrschen zwischen den Mitarbeitern enorme Spannungen.
Ein Neuzugang gerät ahnungslos zwischen die Fronten. Ein

Sündenbock ist gefunden, an dem sich die Spannungen festmachen und entladen können.

Aber es gibt auch viele Situationen, in denen der Beteiligte ein kleines oder auch großes Stück dazu beiträgt, dass die anderen ihn mobben. Dieser mögliche persönliche Anteil ist bei Frau Nagold der interessante. Trägt sie auf irgendeine Weise zu der unerträglichen Situation im Büro bei?

Wer nämlich einen eigenen Beitrag liefert, der ist nicht mehr nur ahnungs-, harm- und wehrlos. Er ist mitverantwortlich, d.h. er hat durch sein Handeln zu der Situation beigetragen. Und er kann anders handeln und damit wiederum die Situation beeinflussen oder sogar steuern. Ja, manchmal gibt es sogar den Fall des »geborenen« Mobbingopfers. Eine solche Person fordert die Ablehnung förmlich heraus und provoziert sie durch das eigene Verhalten.

Frau Nagold ist zunächst fast gekränkt bei der Frage nach einem möglichen eigenen Beitrag. Sie erlebt das wie einen Angriff. Ich brauche Zeit und Geduld, damit sie die Fragen als Unterstützung für ihre Situation verstehen kann und nicht als Versuch, sie heimlich zu beschuldigen.

In einer solchen Situation drängen sich die Fragen nach familiären Verbindungen und Verstrickungen auf. Denn die Reaktionen von Frau Nagold sind nicht angemessen, sondern scheinen gespeist von etwas, das aus der Vergangenheit kommt. Sie fühlt sich als Opfer und will diese Rolle von nichts und niemandem gefährdet sehen. Sie fühlt sich gekränkt, wenn jemand diese Rolle infrage stellt.

Die entscheidende Frage bei einer Suche nach der familiären Verbindung ist: Gab es jemanden in der Familie, bei dem die Reaktionen begründet gewesen wären? Da kommt z. B. jemand mit dem Problem, ständig grundlos traurig und deprimiert zu sein. Gab es vor ihm in der Familie jemanden, der guten Grund gehabt hätte, traurig zu sein? Oder jemand kommt zum Coaching, weil er immer wieder reizbar und wütend ist. Gab es vor ihm jemanden, der guten Grund zur Wut gehabt hätte?

Existierte also in der Familie von Frau Nagold jemand, der sich zu Recht als Opfer fühlen konnte? Bei dem ihre Kränkung Sinn machen würde? Sie muss nicht lange nachdenken, ihr fällt sofort jemand ein. Es gibt jemanden, der wie ein Schandfleck in der Familie betrachtet wird, von dem niemand gern spricht. Ihre Urgroßmutter war im Ersten Weltkrieg von feindlichen Soldaten vergewaltigt worden. Sie hatte schon drei Kinder von ihrem Mann, der als Soldat im Feld war. Durch die Vergewaltigungen wurde sie erneut schwanger. Auf Druck der Schwiegereltern trieb sie dieses Kind ab. Trotzdem blieb sie die Schande der Familie. Als ihr Mann aus dem Krieg heimkam, ließ er sich zwar nicht scheiden, beendete aber das Eheleben und behandelte sie mehr oder weniger wie ein Möbelstück. Die Urgroßmutter zog sich in sich zurück, sprach kaum mehr mit jemandem, hatte aber ein langes Leben und starb in hohem Alter.

Wenn jemand ein Opfer in ihrer Familie war und allen Grund dazu gehabt hat, sich auch als Opfer zu fühlen, dann war das diese Urgroßmutter, meint Frau Nagold. Sie empfinde großes Mitgefühl mit ihr und finde es schrecklich, wie sich die Familie und der Ehemann damals verhalten hätten.

Wieder braucht es die Aufforderung, sich diese Person vorzustellen, um zu überprüfen, ob es darüber hinaus eine Verbindung gibt. Und wieder kommt das auf den ersten Blick verblüffende Ergebnis: Ja, sie spürt wirklich eine innere Verbindung. Sie fühlt sich auch wie ein Opfer, so wie die Urgroßmutter. Auf einmal wirken die Gemeinsamkeiten nicht mehr zufällig.

Die Opferrolle ist sehr starr und kann wie zu einem Gefängnis werden. Wer sich als Opfer fühlt, schneidet sich manchmal von anderen Gefühlen ab und wird dann wie leblos und nicht mehr ganz erreichbar für die Umwelt. So hat Frau Nagold ja auch das weitere Leben ihrer Urgroßmutter nach den Vergewaltigungen beschrieben.

Ein Schritt, der einem Opfer hilft, die Rolle ein Stück weit zu verlassen, ist es, wenn auch andere Gefühle zugelassen werden. Deshalb die Frage an Frau Nagold: »Wenn Sie sich in das Schicksal ihrer Urgroßmutter hineinfühlen – können Sie sich vorstellen, dass diese auch eine große Wut über die Ungerechtigkeit gehabt hat?« Ja, das macht viel Sinn für sie. Diese Urgroßmutter muss im tiefsten Inneren auch wütend und enttäuscht gewesen sein. Da sind die feindlichen Soldaten, die sie vergewaltigt haben. Die Familie hat sie zur Abtreibung gezwungen. Der Mann hat sie im Stich gelassen. Das Leben ist schlimm mit ihr verfahren. Schmerz und Wut sind nur allzu menschliche Reaktionen.

Daraus erwächst die nächste Frage: »Wenn Sie sich dem Schicksal ihrer Urgroßmutter als Opfer jetzt gerade durch Ihre Mobbingsituation nahe fühlen – existiert da auch in Ihnen eine ähnliche Wut über diese Ungerechtigkeit?« Zu Beginn der Sitzung hätte Frau Nagold bei einer solchen Frage vielleicht empört den Raum verlassen. Doch durch die Begegnung mit der Urgroßmutter hat sich schon manches in ihr verändert. So zögert sie kaum zu sagen, dass sie im Grunde eine Riesenwut auf die anderen Kolleginnen habe. Bei diesem Zugeständnis richtet sich Frau Nagold auf. Sie atmet tiefer, ihre Stimme wird freier und ihr Gesicht bekommt mehr Farbe.

»Können Sie sich vorstellen, dass die Kolleginnen diese unterdrückte Wut wahrnehmen – denn ganz verstecken lässt sich so etwas ja doch nicht – und darauf reagieren, indem sie nur das Nötigste mit Ihnen reden und Sie schneiden?« Plötzlich erscheint ihr auch das nicht mehr so unwahrscheinlich.

Diese Erkenntnis ist ein Durchbruch zu einer neuen Perspektive. Sie zieht zum ersten Mal in Betracht, auch einen eigenen Anteil an der bislang verfahrenen Situation zu haben. Damit öffnen sich neue Türen, die Situation zu verändern. Aus dem »geborenen Opfer« wird jemand, der das, was geschieht, beeinflussen kann. Sie entdeckt, dass sie selbst zu der Situation beigetragen hat, und überlegt sich, wie sie die Beziehungen mit ihren Kolleginnen verbessern kann.

Zuvor setzt sie sich noch einmal mit ihrer Urgroßmutter auseinander. Diese Schritte, die jemand mit einer solchen Verbindung gehen kann, folgen im nächsten Kapitel.

## Dazugehören und doch eigenständig sein

Der Apfel fällt nicht weit vom Stamm. Und dieser Stamm reicht weit über die Eltern hinaus. Er reicht über mehrere Generationen, meist bis zu den Urgroßeltern. Manchmal geht die Zusammengehörigkeit auch weiter, wenn etwas Schlimmes geschehen ist und man sich an diese Personen noch erinnert.

Es ist nicht erforderlich, persönlich diese Person zu kennen. Die persönliche Bekanntschaft ist nur eine Möglichkeit der Verbindung, wenn jemand einen anderen sehr in sein Herz schließt, wie z. B. Frau Troller ihren Großvater.

Manchmal ist etwas Schlimmes geschehen und die Familie behandelt es als Geheimnis. Geheimnisse haben als Hintergrund schwere Schuld und Scham. Das kann von einem Verbrechen, z. B. einem Mord herrühren. Oder es hat etwas mit Sexualität zu tun, dass z. B. ein Kind untergeschoben wurde. Jemand kann etwas übernehmen, ohne eine Ahnung zu haben, was es genau ist und von wem es kommt. Denn eine Familie ist ein Geflecht, das weit unter der Oberfläche miteinander verwoben ist. Dabei ist nicht jedes Kind mit der gleichen Person, z. B. dem Großonkel oder der Großtante, in der Vergangenheit verbunden. Wie die besonderen Verbindungen entstehen, bleibt ein Rätsel.

Zuvor aber möchte ich noch einmal kurz Stellung nehmen zu den Zweifeln, die bei mancher Leserin, manchem Leser aufkommen mögen. Sind diese Zusammenhänge nicht an den Haaren herbeigezogen? Indem man aus Zufälligkeiten Begründungen zusammenschustert? Der Versuch irgendeiner plausibel klingenden Erklärung ohne wirkliche Substanz?

Wichtig ist wieder die Einschränkung: Nicht jeder, der beruflich Schwierigkeiten hat oder versagt, erlebt das aufgrund familiärer Einflüsse. Es geht nicht darum, für eigenes Versagen jetzt eine neue Entschuldigung zu finden, indem man versucht, die eigene Verantwortung auf Vergangenheit und Familie abzuschieben.

Aber manchmal wiederholt sich berufliches Versagen und es ist von außen her gesehen unverständlich. Denn alle Voraussetzungen wie Talent, Motivation und der passende Rahmen waren gegeben. Von solchen Fällen handeln dieses und andere Kapitel des Buches.

In einer solchen Situation ist es sinnvoll, den Blick weiter schweifen zu lassen, auch zurück in die Familie – und überraschend oft erschließen sich hier neue Blickwinkel. Denn es tauchen Personen in der eigenen Familie auf, zu denen überraschende Ähnlichkeiten bestehen.

Manchmal braucht es dazu mehr Interesse für die Vergangenheit der Familie als bisher, aber die Entdeckungen warten oft unter der Oberfläche. So war es bei Frau Troller, die ihren beruflichen Erfolg immer wieder boykottierte, bei Herrn Zellberger, der von Arbeitsstelle zu Arbeitsstelle wanderte, und bei Frau Nagold, die sich als geborenes Opfer erlebte.

Diese Beispiele sind der entscheidende Grund, warum ich von der Kraft dieser Verbindungen innerhalb der Familien überzeugt bin. Denn in meiner Arbeit erlebe ich, dass eine solche gefundene Verbindung tatsächlich der erste Schritt ist, grundsätzlich etwas im eigenen Lebensgefühl zu ändern.

Denn das, was jemand am Unglück und der Erfolglosigkeit der Familie oder einzelner Mitglieder festhalten lässt, kann man lösen. Der Weg dahin führt über ein größeres Verständnis und erfordert neue innere Haltungen, sozusagen Reifeschritte. Diese Schritte haben sich bisher bereits abgezeichnet. Hier sollen sie noch einmal zusammengefasst dargestellt werden.

Rein intellektuelles Verstehen genügt noch nicht. Es ändert sich nichts, wenn die Gefühle davon nicht erreicht werden.

☐→  **Schritt 1:   Die Person finden, mit der jemand**
**verbunden ist**

Dabei ist es ratsam, das eigene Problem, die Schwierigkeiten und Gefühle zu erfassen. Worin bestehen sie genau? Und welche Stimmung wird dadurch ausgelöst? Gibt es jemanden in der Familie, der vielleicht ähnlich gefühlt hat? Wer taucht auf, wenn ich mich nach innen wende und Familienmitglieder vor dem inneren Auge vorbeiziehen lasse?

Meiner Erfahrung nach ist ein Kind mit jedem anderen vor ihm in der Familie verbunden. Allerdings gibt es verschiedene Schichten, die von der Oberfläche bis in die Tiefe reichen. Die Kinder sind zunächst mit den Eltern verbunden, Söhne oft mehr mit dem Vater, Töchter mehr mit der Mutter. Das ist dann bei ihnen die oberste Schicht. Wenn die dann gesehen wird, taucht die Verbindung mit dem anderen Elternteil auf.

Diese Beziehungen sind nicht die einzigen, denn auch andere Familienmitglieder können von Bedeutung sein. Je schlimmer das Schicksal einer Person ist, desto häufiger wird sie vertreten, insbesondere wenn jemand von der Familie ausgeschlossen oder vergessen wird.

Wer ist in der aktuellen Situation bedeutungsvoll? Woran lässt sich eine Verbundenheit erkennen? Es genügt, sich diese Person vorzustellen, die Augen zu sehen und etwas zu warten. Auch ein Satz wie »mir geht es so wie dir« oder »ich mache es so wie du« ist eine Art Test, der entweder zu einem »Nein« oder zu einem »Ja« führt. Überraschend oft ist es ein »Ja«, denn der eigene Instinkt führt wie von selbst zu den relevanten Personen.

⌐→   Sᴄʜʀɪᴛᴛ 2:   Die eigene Liebe zu dieser Person spüren
Was geschieht in solchen Verbindungen überhaupt? Ist diese
Loyalität eine Art Fluch, der eine heutige Generation an das
Unglück vergangener Generationen kettet? Ein böses Schick-
sal, denen die Nachkommen hilflos ausgeliefert sind? Ein ver-
gifteter Apfel also. So mag es auf den ersten, oberflächlichen
Blick scheinen. Denn diese besondere Verbindung mit der Fa-
milie wirkt sich ja für die eigene Gegenwart unheilvoll aus.

Der Grund ist jedoch die Liebe eines Kindes, das mit of-
fenem Herzen Vater und Mutter aufnimmt und das ein feines
Gespür hat, wer oder was in der Familie noch fehlt. Ein Baby
ist sensibel, ohne die Schutzmauern, die erst später errichtet
werden. Es ist dazu rückhaltlos bereit. Darüber legt sich später durch die Enttäuschungen, die nicht ausbleiben können,
eine Schicht von Ablehnung. Das Kind verschließt sich ein
Stück weit. Darunter ist aber nach wie vor das ursprüngliche
Gefühl verborgen.

Dieses liebevolle Gefühl geht nicht verloren. Es lebt weiter
in dem coolen Jugendlichen, der gegen die Eltern rebelliert,
und wohnt auch in jedem längst erwachsenen, abgebrühten
Manager. Aber es ist versteckt und im Alltag nicht spürbar.
Deshalb muss jemand aktuell nicht ein besonders inniges Gefühl zu der Person hegen, der gegenüber er loyal ist.

Wie kann der Weg zur Lösung aussehen? Ein Satz von Bert
Hellinger bringt es auf den Punkt: Was aus Liebe geschehen ist,
kann sich auch nur in Liebe wieder auflösen. Deswegen geht es
darum, die Verbindung zu spüren. Wenn sich Herr Zellberger seinen Großonkel vorstellt und ihm treten Tränen in die Augen,
dann spürt er das Band. Manchmal ist es nicht leicht, diese Zuneigung zuzulassen. Es liegen Schichten von Zorn, Enttäuschung
und Abwehr dazwischen. Der Zorn grenzt jemanden ab und
macht ihn groß und wichtig. Die Vorwürfe gegenüber der Familie verleihen dem, was jemand erlebt hat, besondere Bedeutung.
Wer seine Liebe spürt, wird kleiner und weniger bedeutend. Aber
gleichzeitig findet er in sich Ruhe und Geborgenheit.

⇨    Schritt 3:    Mit Achtung und Respekt sich lösen

Die Treue zur Familie stammt aus einer archaischen Liebe, bei der alles Bestreben danach trachtet, dazuzugehören. Wer den anderen gleich ist, sich gleich fühlt, sich gleich verhält, der gehört dazu. Diese Liebe ist unbewusst und hat eine enorme Kraft. Gleichzeitig gibt es die Gegenkraft, dass Kinder ein ebenso natürliches Bestreben haben, sich weiter- und von ihrer Familie fortzuentwickeln.

Wenn jemand dem Vorfahren, mit dem er verbunden ist, in die Augen schaut, entdeckt er ein Gegenüber, jemand, der sein eigenes Leben und sein eigenes Schicksal hat. Fast von allein wächst jetzt Achtung in ihm für den anderen und für das, was der andere trägt. Man könnte es auch mit einem tiefen Respekt beschreiben. Eine Verneigung ist der beste Ausdruck der Achtung.

Nach einer solchen Verneigung ist etwas von der früheren blinden Verbindung durch Ähnlichkeit gelöst. Jemand kann ein Stück zurücktreten und den anderen mit seinem Schicksal allein lassen. Gleichzeitig ist er selbst ein Stück mehr allein als zuvor, freier, aber auch selbstverantwortlicher. Durch die Achtung bleibt er aber auf einer tieferen Ebene – als Mitmensch – weiterhin mit den anderen seiner Familie liebevoll verbunden.

# Familienunternehmen – wenn Beruf und Familie ineinander verwoben sind

Wer nach Verbindungen zwischen beruflichem Erfolg und familiärem Hintergrund Ausschau hält, stößt auf die Unternehmen, bei denen beides Hand in Hand geht, den Familienunternehmen.

Familienunternehmen sind in Deutschland weit verbreitet. Sie bilden eine wichtige Säule und Stütze der Wirtschaft. »Im modernen Wirtschaftsleben geht ohne sie überhaupt nichts. 95 % der in Deutschland ansässigen Betriebe und Firmen werden als Familienunternehmen geführt – ihr Erfolg währt schon Jahrzehnte, manchmal Jahrhunderte ...

Familienunternehmen sind das eigentliche Rückgrat der deutschen Wirtschaft. Sie stehen für 41 % der gesamten deutschen Unternehmensumsätze und für 57 % aller Beschäftigten. Zudem haben die 500 größten Familienunternehmen ihre inländischen Belegschaften zwischen 2003 und 2005 um 10 % auf 2,2 Millionen Mitarbeiter ausgebaut, während die gesamte Wirtschaft ihre Inlandsbeschäftigten um 3 % reduziert hat. Familienunternehmen sind demnach auch der eigentliche deutsche Jobmotor.« (Quelle: Deutsche Welle, www. dw-world.de)

In der Schweiz sind 88 % aller Unternehmen Familienunternehmen, wobei ein Großteil Klein- und Mittelunternehmen sind. Eine Forschungsarbeit, die Credit Suisse 2007 in Auftrag gab, zeigt, dass Unternehmen in Familienbesitz eine höhere Leistung auszeichnet. Sie neigen dazu, überdurchschnittliche Erträge und höhere Gewinne zu erzielen als Firmen, die eine zersplitterte Aktionärsstruktur aufweisen.

Unternehmen und Familie können sich gegenseitig positiv beeinflussen. Dann wird beides zur Grundlage für persönliche Zufriedenheit und unternehmerischen Erfolg. Ungelöste Schwierigkeiten in einem der Felder wirken sich jedoch negativ auf das jeweils andere aus. Dabei haben im Regelfall die Störungen, die aus der Familie kommen, eine weitreichendere Wirkung als umgekehrt (auch wenn es da Ausnahmen gibt).

Das ständige Konfliktfeld eines Familienunternehmens, in dem alle zusammenarbeiten, sind die unterschiedlichen Rollen. Da hat der Mann ein kleines Geschäft. Die Frau arbeitet als seine Sekretärin mit. Die familiäre Rolle unterscheidet sich von der im Unternehmen. Hier ist der Chef seiner Sekretärin gegenüber weisungsbefugt. Anders in der Familie – hier sind Mann und Frau gleichberechtigt. Wenn nun beide ein Gespräch über das Geschäft führen, dann kommt es leicht zu einer Verwirrung der Rollen. Die Frau redet gerade als Partnerin mit, während der Mann sie noch in der Rolle der Sekretärin sieht. Ständige Konfusion und Ärger sind programmiert, wenn beide nicht klar trennen, wann sie in welcher Funktion reden oder handeln.

Ich will hier anhand von drei Beispielen kurz auf typische Konflikte eingehen, die mir in meiner Arbeit begegnet sind.

# Die schwierige Zusammenarbeit mit dem Ehemann oder wie familiäre und berufliche Konflikte sich bedingen

*In einem Seminar in Schanghai zu beruflichen Themen kam eine Teilnehmerin, Frau Xu, mit folgendem Thema: Sie und ihr Mann führen zusammen gleichberechtigt ein kleines Exportunternehmen mit fünf Angestellten. In der letzten Zeit ist sie unzufrieden und sauer auf ihren Mann, weil sie mit seiner Art, mit den Mitarbeitern umzugehen, überhaupt nicht einverstanden ist.*

Zu diesem Thema wollte die chinesische Teilnehmerin mehr Klärung. Auch wenn der Fall aus einem anderen kulturellen Kontext kommt, so zeigt er doch exemplarisch die Vermischung von beruflichen und privaten Konflikten. Gleichzeitig erlebe ich in meiner Arbeit in unterschiedlichen Kulturen, dass sich familiäre Themen kaum unterscheiden. Überall sind die Schwierigkeiten ähnlich, und auch die Lösungen.

Unzufriedenheit mit dem Verhalten von Kollegen oder Geschäftspartnern ist ja zunächst nichts Ungewöhnliches. In der Regel ist wichtigstes Ziel, die Kommunikation zu verbessern. Sinnvoll ist ein offenes Gespräch von Frau Xu mit ihrem Mann über die unterschiedlichen Vorstellungen und Ideen. Nach einem solchen Gespräch könnte der Mann etwas an seinem Verhalten ändern. Oder Frau Xu selbst verändert die Ansprüche, die sie bisher an ihren Ehemann hatte.

Deshalb sprach ich mit Frau Xu über diese Möglichkeiten. Doch, meinte sie, sie habe schon mehrere Gespräche geführt. Aber es komme dann schnell zu Streitereien und das Ende sei ein mehrtägiges frustriertes Schweigen.

Die nächste Frage ging dahin, ob sie schon immer so sauer auf ihn wegen seiner Art gewesen sei oder ob sich das in letzter Zeit geändert hätte. Richtig zufrieden sei sie noch nie damit gewesen, aber so gereizt reagiere sie erst in letzter Zeit, etwa seit einem Jahr.

Ärger kann verlagert werden. Hat ein Paar, das zusammen arbeitet, scheinbar unlösbare berufliche Konflikte, dann ist es sinnvoll, auch den privaten Bereich zu betrachten. Alle dort ungelösten Themen wirken sich unmittelbar auf die Arbeitsbeziehungen aus. Dabei hat die familiäre Beziehung regelmäßig eine starke Auswirkung. Sie berührt eine Person meist näher als die reine Arbeit.

Natürlich können rein sachliche Auseinandersetzungen ohne familiären Rückbezug gelöst werden. Aber bisweilen sind Themen vorgeschoben, eigentlich geht es um ein Thema darunter. Es ist schwierig, gut zusammenzuarbeiten, wenn familiäre Konflikte ungelöst im Untergrund wirken. Solange das zugrunde liegende Thema nicht angesprochen wird, wird kein Frieden einkehren.

Hat kurz davor oder um diese Zeit in der Ehe irgendein gravierendes Ereignis stattgefunden? Ja, vor einem Jahr habe sie im Einvernehmen mit ihrem Mann ein Kind abgetrieben. Beide hätten schon ein Kind und hatten sich dazu entschlossen, kein zweites mehr zu wollen.

Ob sich das etwa mit dem Zeitpunkt decke, ab dem sie sauer auf ihren Mann reagiere? Ja, das könnte gut sein.

Ein auffälliger kultureller Unterschied, der mir bei meinen Seminaren in China aufgefallen war, ist der andere Stellenwert von Abtreibung. Sie wird dort als eine völlig legitime Form der Geburtenkontrolle gesehen, die wie selbstverständlich wahrgenommen wird. Aber durch meine Arbeit bin ich zu der Überzeugung gekommen, dass eine Abtreibung in jedem Fall ein konfliktreiches Thema für ein Paar darstellt, kulturunabhängig. Eine Frau empfängt ein Kind in der sexuellen Verbindung mit einem Mann. Wenn Liebe da ist, ist das Kind oft ein Ausdruck dieser Liebe. Nicht umsonst ist einer der verbindendsten Sätze in einer Liebesbeziehung: »Ich möchte ein

Kind von dir.« Wenn jemand sagt: »Ich möchte unser Kind abtreiben«, dann treibt jemand diese gemeinsame Frucht der Liebe ab. Von daher gesehen ist eine Abtreibung auf einer bestimmten Ebene auch eine Aussage gegen die ursprüngliche Liebe. Dies muss eine Rückwirkung auf die Abtreibenden und auf ihre Beziehung zueinander haben. Natürlich wirken auf solche Entscheidungen auch gesellschaftliche Bedingungen ein, wie die Ein-Kind-Politik in China. Aber das entlastet nicht die Paarbeziehung.

Ich teile Frau Xu meine Überlegungen mit und erzähle von den Erfahrungen, die ich mit der Wirkung von Abtreibungen gemacht habe. Sie bekommt Tränen in die Augen und nickt zustimmend. Da Abtreibung kein Thema ist, um es in einem beruflichen Kontext zu bearbeiten, unterlassen wir an dieser Stelle weitere Erörterungen. Frau Xu kommt dann später in ein Seminar zu persönlichen Themen, in dem sie sich mit ihrer Beziehung und der Abtreibung auseinandersetzt.

## Der ungeeignete Juniorchef oder wenn die Rollen Vater und Firmenchef kollidieren

*Herr Schneider ist Anfang 60 und führt einen mittelständischen Betrieb, den sein Großvater aufgebaut hat. Er hat zwei Kinder, einen Sohn, Mitte 30, und eine Tochter, Anfang 30. Zurzeit ist er ratlos, fühlt sich zerrissen zwischen seiner Rolle als Vater und seiner Rolle als Firmenchef.*

*Herr Schneider möchte rechtzeitig das Thema der Nachfolge klären. Der Sohn, so findet er, hat eigentlich wenig Begabung und Interesse. Nach einem abgebrochenen BWL-Studium ist er allerdings gern wieder in die Firma zurückgekehrt, arbeitet als »Junior« mit, wobei er seine bevorzugte*

*Position aber gern nutzt, um Zeit für seine sportlichen Aktivitäten zu haben. Deswegen ist er in der Belegschaft auch nicht besonders beliebt. Die Tochter hingegen hat eine Lehre im Betrieb geleistet, dann studiert und leitet jetzt die Entwicklungsabteilung. Sie ist sehr engagiert, hat immer wieder gute Ideen und kommt trotz ihrer jungen Jahre auch mit älteren Kollegen sehr gut zurecht.*

*Eigentlich, so findet der Vater, wäre sie seine geeignete Nachfolgerin. Als er das einmal kurz am Familientisch angesprochen hat, war der Sohn empört und gekränkt. »Ich habe gedacht, ich als dein ältester Sohn bin dein Nachfolger. Wenn du mich nicht liebst, kann ich auch gleich gehen«, war einer seiner Sätze.*

*Herr Schneider fühlt sich in der Zwickmühle. Er möchte ein guter Vater sein, seinen Sohn nicht verletzen und quält sich damit, wie eine Lösung aussehen könnte.*

Hier prallen die unterschiedlichen Rollen und Konflikte innerhalb einer Familie und von Familie und Unternehmen aufeinander. Herr Schneider ist einmal Vater eines Sohnes, den er liebt. Deswegen will er sein Bestes. Er hat außerdem noch ein zweites Kind und weiß, wie wichtig es für Kinder ist, gerecht behandelt zu werden. Soll er vielleicht Sohn und Tochter irgendwann das Unternehmen zu gleichen Teilen übergeben?

Hinzu kommen noch Traditionen, über Generationen auf Bauernhöfen überliefert. Danach ist der erste Sohn der Erbe und Nachfolger. Mädchen zählten weniger. Ja, wenn die jüngere Tochter ein Sohn wäre und der ungeeignete ältere Nachfolger eine Tochter, wäre die Lösung schon wesentlich leichter für ihn. Traditionen, die ja früher durchaus Sinn hatten, haben immer noch Gewicht.

Auf der anderen Seite trägt er die Verantwortung als Unternehmenschef, den bestmöglichen Nachfolger zu finden. Es geht darum, dass das Unternehmen weiter auf dem Markt bestehen bleibt und überlebt. Bei schlechter Leitung ist ein heute noch erfolgreiches Unternehmen morgen untergegangen.

Ganz klar ist da nur der Geeignetste die erste Wahl. Familie und Unternehmen sind hier ineinander verwoben und sollen es bleiben. Herr Schneider sucht innerhalb der Familie nach einem Nachfolger. Er denkt nicht daran, auch Manager von außerhalb mit in die Konkurrenz zu nehmen, mit dem die eigenen Kinder gleichrangig in Wettbewerb stehen und bei dem dann der Beste das Unternehmen in Zukunft führt. Das Unternehmen soll nach Möglichkeit in der Familie bleiben. Es ist vom Großvater aufgebaut worden, vom Vater weitergeführt und hat eine große emotionale Bedeutung für die Familie.

Die Themen sind vermischt und deshalb noch konfliktträchtiger, als sie es ohnehin schon wären. Wie sehr sie vermengt sind, zeigt die Aussage des Sohnes. Er wertet die Bevorzugung der Schwester in der Firmenleitung als Liebesentzug.

Herr Schneider muss für sich beide Rollen klären, dann kann er zu einer guten Entscheidung kommen. Was verlangt die Vaterrolle von ihm? Er liebt seine Kinder. Gibt es Entscheidungen und Handlungen, die diese Liebe zum Ausdruck bringen? Erfordert Vaterliebe, dass Herr Schneider dem Sohn, der bisher weder großes Engagement noch besondere Leistungen gezeigt hat, das Unternehmen zu übergeben hat? Nein. Vaterliebe führt nicht automatisch zu irgendwelchen Handlungen. »Wenn du mich liebst, dann musst du ...« – wenn so sein Sohn mit ihm spricht, dann versucht dieser, die Liebe als Manipulationsinstrument zu nutzen.

In der Rolle als Firmenchef hat er für seinen Wunsch, die Tochter als Nachfolgerin weiter aufzubauen, gute sachliche Gründe. Sie scheint im Moment die beste Wahl zu sein. Herausforderung und größte Schwierigkeit für Herrn Schneider ist es, im Konflikt mit seinem Sohn nicht »innerlich zuzumachen«. Dies ist ein sehr subtiler, aber entscheidender Unterschied in der Art, wie er seinem Sohn und dessen Frustration gegenüber offen bleibt.

Der leichtere, aber zerstörerische Weg ist es, in einer Position zu verhärten. Wenn der Vater dem Sohn seine Entscheidung mitteilt, dann ist es wichtig, dass er gleichzeitig mit der eigenen Liebe als Vater immer in Kontakt bleibt. Auch wenn der Sohn wütend und verletzend wird, bleibt er immer noch im Verhältnis zum Vater das zornige Kind. Herr Schneider muss sich nichts gefallen lassen, aber sich bewusst sein, dass es hier nicht um eine Auseinandersetzung zwischen Kollegen geht.

Im Coaching übt er einige Male, wie er in dem klärenden Gespräch in einer guten väterlichen Weise ruhig und sachlich bleiben kann. Mit dieser Vorbereitung gelingt es ihm auch tatsächlich. Der Sohn reagiert zunächst, wie erwartet, beleidigt und gekränkt. Herr Schneider interessiert sich gleichzeitig dafür, wie es dem Sohn im Unternehmen wirklich geht und welche langfristigen Perspektiven dieser für sein Leben hat. Darüber haben sie noch nie gesprochen und allmählich wird ein gutes Gespräch daraus, in dem sich ergibt, dass die wirklichen Interessen seines Sohns langfristig tatsächlich außerhalb des Familienbetriebs liegen.

# Der Firmenchef, der am Stuhl klebt, oder warum Übergaben so schwierig sind

*Herr Jünger sucht Rat, weil er so genervt ist und nicht mehr weiterweiß. Sein Vater hat im Laufe seines Lebens den Betrieb, einen kleinen Zuliefererbetrieb der Autoindustrie, aufgebaut. Als sein Vater 67 wurde, hat er dem Sohn die Leitung des Betriebs übergeben, das war vor drei Jahren.*

*Der Vater ist inzwischen 70 Jahre alt. Er kommt noch regelmäßig in den Betrieb und gibt Ratschläge und Anweisungen. Über zukünftige Strategien haben Vater und Sohn unterschiedliche Meinungen. Herr Jünger will mehr ins Ausland expandieren und sich international vernetzen. Davor warnt ihn sein Vater. Deswegen gibt es häufig Krach.*

Wie schwierig die Übergabe eines Betriebs von der einen Generation auf die nächste ist, ist kein neues Thema. In den alten Zeiten vergifteten die Prinzen noch ihre Väter, um schnellstmöglich den Königsthron zu besteigen. Die Zeiten haben sich geändert. Heute haben wir das fast tragische Bild von Prinz Charles mit über 60 Jahren vor Augen. In der Rolle des ewigen Thronfolgers wartet er seit seiner Jugend brav hinter der inzwischen über 80-jährigen Mutter Königin Elizabeth.

Wann ist der beste Zeitpunkt gekommen, dass jemand sich aufs »Altenteil« zurückzieht und die Verantwortung der nächsten Generation überträgt? Die heute wachsende Lebenserwartung in körperlicher und geistiger Frische vergrößert die Schwierigkeiten noch mehr. Wir sind weit entfernt von der indischen Tradition, bei der der Vater Mitte 40 die weltlichen Geschäfte dem Sohn übergibt und sich der spirituellen Suche widmet.

Dabei geht es darum, die Interessen der Älteren mit denen der nachwachsenden Generation in Einklang zu bringen. Den Jungen tut es gut, wenn klar ist, dass die Alten irgendwann abtreten und sie selbst das Ruder übernehmen. Von daher haben feste Pensionierungsgrenzen auch etwas für sich. Der Amtsinhaber ist 65 Jahre alt geworden, damit wird sein Amt frei und von den Nachwachsenden besetzt.

In der Auseinandersetzung von Herrn Jünger und seinem Vater geht es um dieses grundsätzliche Thema. Der Streit über Inhalte und Strategien ist lediglich die Oberfläche. Gleichzeitig spiegelt dieser Streit den ewigen Konflikt zwischen den

Generationen wider. Natürlich hängt der Vater an seinen Vorstellungen und möchte, dass alles in seinem Sinn weitergeführt wird. Und genauso natürlich möchte der Sohn Neuerungen einführen und die Geschäfte so führen, wie er es für richtig hält.

Dies ist ein Kernkonflikt zwischen Eltern und Kindern. Diese Grundspannung gab und gibt es zu allen Zeiten und in allen Gesellschaften. In Zeiten des langsamen Wandels trat er nur gelegentlich in den Vordergrund. Heute, in Zeiten des schnellen Wandels, ist er ein dauernder Begleiter.

Durch die Übergabe kommt die Endlichkeit des Lebens ins Spiel. Der Schritt aufs Altenteil ist ein Schritt näher auf den Rückzug vom aktiven Leben, d. h. auf den Tod zu. Sich diesen Schritt zuzugestehen, ist schmerzhaft und deshalb schwierig für den Vater. Aber er ist genauso schwierig für den Sohn, auch wenn dieser dank der neuen Aufgaben erst einmal aufblühen mag.

Denn er sieht seinen Vater, wie er älter wird, sich mehr dem Tod nähert, und er weiß, wie schwierig das für den Vater ist. Deshalb mag es einen Teil auch im Sohn geben, der – bei aller Genervtheit – doch auch beruhigt ist, solange der Vater noch in den Betrieb kommt. Deshalb ist es so schwierig, in einer guten Form Grenzen zu ziehen. Das Streiten und Kämpfen ist da leichter, weil diese Reibung auch Kontakt gibt, ohne dass etwas Endgültiges sich verändert.

Im Coaching geht es um diese Themen. Zunächst sind nicht die Inhalte von Bedeutung, was und in welcher Form Herr Jünger mit seinem Vater besprechen sollte. Entscheidend ist die innere Haltung, mit der er seinem Vater begegnet. Es geht auch für den Sohn darum, die Sterblichkeit des Vaters anzunehmen. Wenn dem Sohn dieses Thema Angst macht, dann erkennt er, dass sein Vater die gleiche Angst hat. Allmählich bekommt so Herr Jünger mehr Verständnis für ihn. Bedeutungsvoll ist auch für Herrn Jünger, dass er mehr Zugang zu seiner Liebe als Sohn zum Vater bekommt.

Das wird dann auch die Grundlage, auf der Herr Jünger ein klärendes Gespräch mit seinem Vater führt. Es ist ein sehr offenes Gespräch, bei dem beide anfangen, mehr davon zu erzählen, wie es ihnen in der aktuellen Situation geht. Sie treffen keine konkreten Absprachen. Der Vater von Herr Jünger kommt weiter in den Betrieb, wenn auch nicht mehr ganz so oft. Herr Jünger kann die Besuche besser akzeptieren, bezieht den Vater mehr ein und fragt ihn ab und zu um Rat. Die Streitereien werden weniger und hören irgendwann ganz auf.

# Von Stress und innerer Hochspannung zu Ausgeglichenheit finden

Spannung und Unruhe begleiten das moderne Leben. Der Druck von allen Seiten wächst. Dieser Druck prägt immer mehr den Alltag am Arbeitsplatz. Die stressfreien Oasen werden zunehmend kleiner. Daraus wird die körperliche Dauerspannung, der ungesunde »Stress« – nicht die gesunde Spannung, die jeder zur Leistung braucht.

Wenn der Schreibtisch überquillt, die E-Mails in die Dutzende oder Hunderte gehen und gleichzeitig der Anrufbeantworter blinkt mit vielen Anrufen, die beantwortet werden müssen, dann führt das automatisch zu Stress. Oder das eigene Unternehmen kündigt an, 1000 Arbeitsplätze abzubauen. Da wundert es nicht, wenn so mancher Angestellter nachts zitternd aus einem Albtraum erwacht. In solchen Situationen schalten sich die uralten Überlebensprogramme von Kampf und Flucht ein. Der Körper mobilisiert alle Energien, um gewappnet zu sein. Was für kurzfristige Höchstleistung gedacht ist, macht krank, wenn es zum Dauerzustand wird.

Dieses Kapitel beschäftigt sich aber nicht mit diesem Stress, der von einer aktuellen Bedrohung ausgelöst wird. Hier geht es um ein tiefer liegendes Muster, um Stress, der als Hochspannung schon vor aktuellen Arbeitssituationen und

Belastungen vorhanden ist. Jemand ist dann angespannt, unabhängig von seiner Belastung.

Da gibt es Vorgesetzte und Kollegen, die nur angespannt erlebt werden. Natürlich haben sie immer einen guten Grund. Denn eine produktive Möglichkeit, um mit einer hohen inneren Spannung fertig zu werden, bietet die Arbeit und zwar besonders die Arbeit in einem spannungsreichen Umfeld. Je mehr Druck, desto besser! Der Einzelne braucht dann diese Spannung am Arbeitsplatz, die seine innere Spannung widerspiegelt.

In diesem Zustand, der entspanntere Kollegen auf Dauer überfordern würde, läuft der Angespannte zu Höchstleistungen auf. Die innere Spannung bleibt im Inneren verborgen und gehalten. Sie wird umgesetzt in Leistung. Viele mit einer solchen extremen Spannung sind dadurch an die Spitze gekommen. »Nur die Paranoiden überleben«, dieser Ausspruch von Intel-Chef Andy Grove, den Nike-Gründer Phil Knight bestätigend in einem »Spiegel«-Interview zitiert, bringt es mit dieser zugespitzten Formulierung auf den Punkt.

Entspannung kann schlecht ertragen werden und wird nach Möglichkeit vermieden. Entspannung wird gefährlich. Sie könnte umkippen in totale Passivität oder sogar Krankheit. »Manisch – depressiv«, das ständige Schwanken zwischen Höchstspannung und völliger Apathie, scheint nur eine besonders drastische Beschreibung von Zuständen zu sein, die grundsätzlich in vielen angelegt sind.

Allerdings sehen und erkennen die Betroffenen die eigene ständige Spannung meist nicht als solche. Lieber klagen sie über äußere Ereignisse als Stressauslöser. »Mein Chef lädt mir zu viele Aufgaben auf.« Dabei wäre richtiger: »Ich bin so angespannt. Deshalb lasse ich mir ganz viele Aufgaben aufladen.«

Wenn der beruflich mit einer Wochenarbeitszeit von 60 Stunden ausgelastete Manager dann in der wenigen Freizeit noch Marathon läuft, zeigt sich dieser enorme Grad an Spannung. Es gibt die alten Fotos von Joschka Fischer, Außenminister unter Gerhard Schröder, auf denen er dick und übergewichtig mit Pausbacken als Zeichen der Schlemmerei abgebildet ist. Nach dem Scheitern der Ehe erfolgte innerhalb von wenigen Monaten der Umschwung zum fanatischen Dauerläufer. Optisch eher ausgemergelt bringt Fischer dann kurze Zeit später seinen ersten Marathon erfolgreich hinter sich. Um sich einige Zeit später vom hageren asketischen Läufer schließlich wieder der alten Gewichtsklasse anzunähern.

Reinhold Messner ist der erste Mensch, der ohne Sauerstoffgerät den Mount Everest bestieg, der alle vierzehn Achttausender der Welt bezwang und den Südpol zu Fuß durchquerte. Was treibt jemand zu solchen Leistungen? Horst-Eberhard Richter zitiert in seinem Buch »Umgang mit Angst« aus einem ZEIT-Interview von Andre Müller mit Messner.

*Müller*: »Sie sagen, Sie steigen auf die Berge und gehen zum Südpol, um nicht verrückt zu werden.«

*Messner*: »Richtig, ja.«

*Müller*: »Wie sieht die Verrücktheit aus, die Sie befürchten?«

*Messner*: »Ich würde im Zimmer hin und her gehen wie ein wildes Tier, das man eingesperrt hat. Ich würde nicht mehr klar denken können. Ich bin als Student, der eigentlich klettern wollte, nachts häufig aufgewacht, in Angstschweiß gebadet, weil ein bestimmter Gedanke dauernd durch meinen Kopf lief. Ich habe im Kreis gedacht ...«

*Müller*: »Aber Sie sind nicht verrückt geworden.«

*Messner*: »Hätte ich weiterstudiert, statt auf den Himalaja zu gehen, hätte ich mich vermutlich erschossen.«

Nicht jeder wird zum Bergsteiger. (Sonst wären die Berge wahrscheinlich überfüllt.) Mit den gleichen Spannungen kann jemand auch Topmanager oder Filialleiter bei Schlecker werden. In welche Richtung man läuft, macht keinen so großen Unterschied.

Es kann allerdings auch sein, dass tiefer sitzende Spannungen nur in bestimmten Situationen deutlich werden, wie der folgende Fall von Frau Bach zeigt.

## Die konfliktscheue Abteilungsleiterin oder wie Kindheitserinnerungen prägen

*Frau Bach ist seit einiger Zeit so gestresst und überfordert, dass sie sich schon die Kündigung überlegt hat.*
*Vor einem halben Jahr hat sie eine Abteilung übernommen, in der sich schon vor ihrem Antritt viel Konflikt- und Zündstoff angesammelt hatte. Ihre Schlichtungs- und Vermittlungsversuche laufen ins Leere. Die ständigen Auseinandersetzungen dort machen sie krank. Sie hat ständig Magenschmerzen und in jüngster Zeit sogar Migräneanfälle. Lange hält sie das nicht mehr aus, meint sie.*

Ständige Auseinandersetzungen um einen herum belasten jeden. Insofern ist Frau Bach keine Ausnahme. Allerdings sind ihre Reaktionen sehr ausgeprägt. Auch an ihrem vorherigen Arbeitsplatz, so erinnert sie sich, gab es Streitereien, die bei ihr häufig Kopfschmerzen auslösten. Sie schätzt nun einmal sehr eine gute Arbeitsatmosphäre, bei der alle einträchtig zusammenarbeiten.

Wie kommt es, dass Frau Bach körperliche Beschwerden bekommt? In einer Situation, die auch andere beeinträchtigen würden, aber keineswegs in einer solch extremen Form? Ist sie vielleicht überempfindlich und hat zu schwache Nerven?

Doch ein Blick auf ihre Kindheitsgeschichte macht ihre körperlichen Reaktionen verständlicher. Sie wuchs in einer höchst spannungsgeladenen Atmosphäre auf. Ihre Eltern lebten in einer Art Hassliebe zusammen und stritten sich ständig. Ihre ganze Kindheit war von den Schreiereien bestimmt. Nachts, wenn sie schlafen sollte, wurde sie oft wach, weil Vater und Mutter sich gerade wieder anbrüllten. Erst als sie 15 Jahre alt war, ließen ihre Eltern sich scheiden.

Diese Erfahrungen stecken noch in ihrem Nervensystem. Frühe Ereignisse der Kindheit können unerkannt als Spannung in einem weiterleben. Denn ein Kind, das in einer solchen Umgebung aufwächst, nimmt den Stress, den Konflikte verursachen, in sich auf.

Frau Bach ist nicht wirklich ganz entspannt, eine latente Unruhe trägt sie immer mit sich herum. Die Spannungen sind etwas abgekapselt, sodass sie nicht ständig spürbar sind, aber sie sind nahe der Oberfläche. Kein Wunder, dass jede aggressive Stimmung in ihrer Abteilung enormen eigenen Stress auslöst.

Diese Zusammenhänge sind für Frau Bach sofort nachvollziehbar. Ihr waren schon ähnliche Gedanken gekommen, die sie aber sofort wieder zur Seite schob. Denn die Erinnerungen, die dadurch aus ihrer Kindheit hochkamen, waren zu schmerzhaft. Die heftigen Streitereien ihrer Eltern hatte sie als sehr bedrohlich erlebt. Wenn jemand sich bedroht fühlt, reagiert der Körper unmittelbar. Der primitivste Teil des menschlichen Gehirns, den wir mit all jenen Tieren gemeinsam haben, die über mehr als ein minimales Nervensystem verfügen, ist der Hirnstamm am oberen Ende des Rückenmarks. Er sorgt als »Stammhirn« für die elementaren Funktionen des Körpers. Die Aufgabe des Stammhirns ist es bis heute, für das Überleben zu sorgen.

Bei einer Bedrohung alarmiert das Stammhirn den Körper und macht ihn bereit für Kampf oder Flucht. Muskeln im Körper spannen sich an. Das Herz schlägt stärker, »bis zum Hals«. Die Atmung verstärkt sich. Der Blutdruck steigt. Blut wird in größerer Menge aus der Haut und aus den Eingeweiden in die Muskeln und ins Gehirn gepumpt, die Haut wird blass. Denkvorgänge beschränken sich auf das Notwendigste, nämlich die Einschätzung der Situation, um zu überleben.

So geht es Frau Bach bei Streitigkeiten im Büro. Die Erinnerungen aus ihrer Kindheit haben ihre Spuren tief in die Gehirnbahnen eingegraben. Kleine Anlässe aktivieren sie. Es muss jemand in ihrer Gegenwart nur ein gereiztes Wort fallen lassen und schon fühlt sie sich wie damals als kleines Kind.

Sich von diesen jahrelangen Erinnerungen zu lösen, geht nicht im Handumdrehen. Was in langer Zeit aufgenommen wurde, braucht Zeit und Übung, bis es wieder verlernt ist. Sinnvoll ist es, sich fachmännische Begleitung zu holen. Der systemische Ansatz, der insbesondere die Ressourcen aktiviert, um solche Situationen zu bewältigen, befasst sich direkt mit dem, was aktuelle Situationen erfordern.

Im Coaching ist Frau Bach bereit, in einem sicheren Rahmen noch einmal zurück zu ihren Kindheitserinnerungen zu schauen. Wichtig ist die Unterscheidung von damals und heute. Als Kind war sie hilflos und ohnmächtig bei dem, was ihre Eltern betraf. Als Erwachsene kann sie eingreifen, schlichten, vermitteln oder unterbrechen. Und es sind nicht ihre Eltern, die streiten, sondern ihr unterstellte Mitarbeiter, die Konflikte miteinander haben.

Ein Schwerpunkt ist die Suche danach, welche Ressourcen sie heute hat, um nicht in alte, kindliche Zustände zurückzufallen. Beziehungsweise wie sie es schafft, bei einem Rückfall schnell wieder aus der kindlichen Ohnmacht herauszukommen und zur Abteilungsleiterin zu werden, die eingreifen kann. Sie übt, wie sie in kritischen Situationen bei sich bleiben kann, sodass sie zukünftig nicht mehr automatisch in die Spannungen der Abteilung hineingezogen wird. In der Abteilung selbst lernt sie zu unterscheiden, wann es sinnvoll ist, sich ganz herauszuhalten und wann sie wie in welcher Form eingreift. Das Klima in ihrer Abteilung lockert sich.

Schließlich wird die Zeit reif für eine Aussprache in ihrer Abteilung über das, was in der Vergangenheit schieflief und wie die Zusammenarbeit in Zukunft gut laufen könnte. In diesem Gespräch, das sie anleitet, kommen noch einmal in heftiger Form alte Konflikte zur Sprache. Frau Bach schafft es aber, eine Eskalation zu verhindern. Es fließen sogar Tränen, aber seitdem ist das Klima entspannt, ja bisweilen sogar freundlich. Ein neuer Anfang ist gemacht. »Das lief anders als damals bei uns zu Hause«, teilt mir Frau Bach erleichtert und stolz hinterher mit.

## Der dynamische Jungmanager oder wie sich Tod in der Familie auswirkt

*Im Coaching kommt Herr Burger, 30 Jahre alt, schnell auf sein Hauptproblem zu sprechen. Er findet keine Ruhe mehr, kann nachts nicht schlafen und ist völlig überdreht.*

*An seinem Arbeitsplatz, einer IT-Firma, ist er meist bis spätabends tätig, manchmal bis Mitternacht. In seiner wenigen Freizeit pflegt er Extremsportarten. Bungeespringen war eine Zeitlang sein Favorit, jetzt zieht es ihn mehr zum Motorradfahren. Seine letzte Beziehung endete vor drei Jahren.*

*Er weiß nicht, warum, doch in den letzten Monaten kam er aus dem Lot. Seine Ruhelosigkeit verschlimmert sich. Jetzt leidet sogar schon seine Arbeit darunter.*

Ob Herrn Burger ein Kurs »Autogenes Training« helfen könnte? Wer ein Entspannungsverfahren erlernt hat, weiß, wie er sich beruhigen kann. Den Versuch dazu hat Herr Burger allerdings schon einmal unternommen. Aber er fand die Entspannung für ihn schwierig, ja fast unmöglich. Nach zwei Versuchen hat er aufgegeben. Sich so künstlich ruhigzustellen, brachte es dann doch nicht für ihn!

Der familiäre Hintergrund sieht so aus: Herr Burger kommt aus einer gutbürgerlichen Familie und hat noch zwei ältere Geschwister. Eine kleine Schwester, die nach ihm geboren wurde, ist mit zwei Jahren gestorben.

Diese Informationen mögen äußerlich wenig spektakulär erscheinen. Aber der Tod ist in einer Familie immer ein gravierendes Ereignis. 1967 publizierten die amerikanischen Forscher Holmes und Rahe eine Punktetabelle von Lebensereignissen, die so viel Stress verursachen, dass Krankheit als Folge wahrscheinlich wird. Die Hälfte aller, die 300 Punkte und mehr in den zurückliegenden 12 Monaten erzielen, werden ernsthaft krank. Den höchsten Punktwert, nämlich 100 Punkte, hat der Tod des Ehegatten. Eine Scheidung z. B. ergibt 73 Punkte, der Tod eines Familienangehörigen 63.

Diese Tabelle gilt allerdings für Erwachsene. Herr Burger war aber noch ein Kind, als seine kleine Schwester starb. Ein Kind nimmt zwar einen Verlust wahr, aber es hat noch nicht das gleiche Verständnis vom Tod wie ein Erwachsener, wie z. B. Vater oder Mutter in der Situation. Dennoch hat der Tod, der in jungen Jahren erlebt wird, eine dauerhafte Wirkung. Das kann der Tod von Vater oder Mutter sein oder der Tod eines Geschwisters. Jedes Kind, das lebensfähig gewesen wäre (also etwa ab dem 5. Monat), zählt zu den Geschwistern, auch wenn es tot zur Welt kommt.

Die Wirkungen eines solchen Todesfalles erfolgen unmittelbar und entziehen sich individuellen und persönlichen Eigenheiten. In den überlebenden Geschwistern, auch wenn sie noch ganz jung waren, entsteht eine Art von Schuldgefühl, denn sie sind am Leben geblieben, während der Bruder oder die Schwester sterben musste. Im tiefen Inneren wird es erlebt, als sei es ein Unrecht weiterzuleben. Aus diesem Gefühl heraus entsteht in den Lebenden eine Neigung zum Tod, denn sie möchten dort sein, wo ihre Geschwister sind. »Ich folge dir nach.« Dieser Satz drückt diese Bewegung zum Tod aus, die ihnen aber nicht bewusst ist.

Aus diesem Schuldgefühl erwächst eine besondere Nähe, ja bisweilen ein Sog zum Tod. Wie sich dieser Hang zum Tod auswirkt, ist unterschiedlich. Er kann lähmen und schwächen. Es kann eine schwere chronische Krankheit auch in jungen Jahren auftreten. Der Lebenswille ist schwach, und der Körper reagiert mit Krankheiten. Andere gehen Richtung Tod, indem sie den Weg über Exzesse und Drogen nehmen. Oder wieder andere lieben lebensgefährliche Sportarten und setzen sich so dem Tod aus. So mancher Autoraser, der den Tod findet, mag diesem Sog erlegen sein. Manchmal wird diese Bewegung zum Tod hinter einer Art verzweifelter Lebenslust sichtbar oder hinter enormen Spannungen, die jemand zu Höchstleistungen antreiben, sei es im Spitzensport oder im Beruf.

Oft ist es diese Todessehnsucht, die jemand immer wieder an die Grenze zwischen Leben und Tod führt. Die Angst vor dem Tod, die andere von dieser Gratwanderung abhält, scheint in solchen Personen nicht zu existieren.

Das zeigen in typischer Weise die Aussagen von Jacques Villeneuve, Rennfahrer der Formel 1. Als er ein Kind war, starb sein Vater mit nur 32 Jahren ebenfalls als Rennfahrer in den Trümmern seines Ferraris. Der Sohn sagt heute im Interview: »Wenn man um die Krone des Motorsports fährt, dann muss man manchmal dieses Gefühl spüren: Uuh, das war knapp, was bin ich froh, dass es gereicht hat. Es ist ein Ritt auf der Rasierklinge, und du weißt, beinahe wärst du runtergefallen.«

Und er fährt fort: »Eine körperliche Angst kenne ich nicht. Es gibt Momente, in denen mein Herz richtig stark anfängt zu schlagen und es tief drinnen wehtut. Es ist nicht Angst, aber es ist ein außergewöhnliches Gefühl.«

Herr Burger hat einen Hang zu Extremsportarten, er ist ruhelos und sein Arbeitseinsatz ist extrem. Aber die Vorstellung, dass all dies etwas mit der früh verstorbenen Schwester zu tun haben könnte, kommt ihm zunächst weit hergeholt vor. Klar weiß er um sie, hat sogar noch ein paar schwache

Erinnerungen. Aber er war doch noch ein Kind, vom Tod hatte er keine Ahnung – und es ist schon so lange her!

Seine Einstellung ändert sich erst, als er sich auf das Experiment einlässt, seiner toten Schwester in seiner Vorstellung zu begegnen. Er lehnt sich zurück im Stuhl, nimmt seinen Atem wahr und schließt die Augen. Dann lässt er ein Bild seiner Schwester vor dem inneren Auge auftauchen. Dabei ist das Bild des zweijährigen Kleinkinds, von dem er noch ein Foto hat, nur der Ausgangspunkt. Die tote Schwester taucht jetzt vor dem inneren Auge älter auf. Sie wird wieder zum Gegenüber.

Als Herr Burger die Schwester innerlich sieht, schießen ihm Tränen in die Augen. Er wird plötzlich sehr traurig und fühlt sich liebevoll zur kleinen Schwester hingezogen. Etwas lang Vergessenes kommt wieder ans Licht. Er spürt eine riesengroße Sehnsucht, der Schwester nahe zu sein. Und plötzlich macht es für ihn Sinn, dass seine Spannungen und sein extremes Leben hier ihre Wurzel haben.

Mit diesem Wissen um die Wirkungen des frühen Tods erscheinen manche Ereignisse, von denen die Presse berichtet, in einem anderen Licht. Da wird zum Todestag von Elvis Presley, der mit 42 Jahren depressiv und 125 Kilogramm schwer starb, in einem mehrseitigen Fotobericht im »Stern« bemerkt: »Einer der finanziell erfolgreichsten Künstler aller Zeiten war qualvoll gestorben – an zu vielen Drogen, maßlosem Ruhm und einer Überdosis Einsamkeit.« Dann wird ein Bild aus dem Elternhaus mit zwei Betten gezeigt, neben dem steht: »Zur Erinnerung an den bei der Geburt gestorbenen Zwillingsbruder Jesse standen in Memphis immer zwei Betten.« Elvis Presley starb an übermäßigem Gebrauch von Drogen und Verfettung durch übermäßiges Essen. Wie viel Spannungen muss Presley innerlich gespürt haben, die er durch Drogen und Essen gedämpft hat?

Herr Burger erkennt, dass er – so absurd es ihm im ersten Moment schien! – nach wie vor eine liebevolle Bindung zur früh verstorbenen Schwester hat. Diese Bindung zieht ihn in Richtung Tod oder, noch genauer gesagt, zu der toten Schwester hin. Natürlich gibt es auch die Gegenkraft in ihm, den Willen zu leben und die Freude am Leben. Aber aus diesen widersprüchlichen Richtungen, die ihn manchmal fast zerreißen, entstehen die enormen Spannungen, die er in sich trägt.

Gleichzeitig ist es eine alte, sehr kindliche Verbundenheit. Als Erwachsener kann er heute Schritte gehen, die diese Verbindung achten und ihn trotzdem davon abhalten, blindlings ins Unglück zu rennen. Dabei helfen bestimmte Fragen und Sätze, um zu dieser reiferen Haltung zu kommen.

Die erste Frage an Herrn Burger ist:»Sie sehen ja gerade vor dem inneren Auge Ihre Schwester und fühlen sich sehr liebevoll ihr gegenüber. Wenn Ihre Schwester sie so sieht, wie schaut Ihre Schwester sie an?« Das kann er leicht beantworten:»Sie schaut mich ganz freundlich an.« »Glauben Sie, dass es Ihrer Schwester guttut und gefällt, wenn Sie ihr im Tod nah sein wollen?« Hier muss Herr Burger etwas überlegen und schaut erneut innerlich zu seiner Schwester, um sich zu vergewissern. »Nein, das würde sie nicht freuen. Sie scheint mir alles Gute für mein Leben zu wünschen, so nett wie sie zu mir schaut.« »Dann sehen Sie ihr doch noch einmal in die Augen und stellen Sie sich vor, dass Ihre Schwester Ihnen sagt:›Dass ich früh gestorben bin, ist mein Schicksal, und ich trage es.‹ Können Sie das hören und wie ist das für Sie?« Wieder wartet Herr Burger einen Moment, bevor er antwortet:»Ja, jetzt höre ich es. Das tut mir sehr gut und erleichtert mich richtig.«

Dann folgen weitere wichtige Sätze, die Herr Burger seiner Schwester langsam und mit Pausen dazwischen sagen soll:»Ich achte dich und deinen Tod... Ich gebe dir als meiner Schwester einen großen Platz in meinem Herzen... Bitte, schau freundlich auf mich, wenn ich lebe.« Er tut das und wird plötzlich sehr ruhig. Eine Entspannung, die bei ihm bisher nie zu sehen war, breitet sich aus. Damit kann er dann auch diese innere Begegnung beenden.

War das ein Spiel mit inneren Bildern? War das Trance oder Hypnose? Eine Veränderung von mentalen Konzepten? Von allem etwas. Wobei diese theoretischen Überlegungen zunächst unerheblich sind. Das maßgebliche Kriterium ist: Hat diese Art von innerer Arbeit eine gute Wirkung auf Herrn Burger? Verändert sich dadurch etwas dauerhaft?

Auch in den nächsten Sitzungen ist diese innere Ruhe nicht ganz von ihm gewichen. Seine Rastlosigkeit lässt nach. Er kann wieder besser schlafen. »Vorm Einschlafen stelle ich mir jetzt manchmal das Bild von meiner Schwester vor und wie sie zu mir schaut. Dann schlafe ich gut ein.« In der Arbeit findet er seine alte Leistungsfähigkeit wieder. Gleichzeitig bemüht er sich um einen geregelteren Arbeitstag, sodass er auch einmal wie alle anderen Feierabend machen kann.

In einer Familie ist es ein großer Schock, wenn jemand früh stirbt. Ein solcher Tod konfrontiert mit der Unberechenbarkeit des Lebens und mit der eigenen Sterblichkeit. Eine normale, menschlich allzu verständliche Reaktion ist es, sich ein Stück weit davor zu verschließen. Etwas bleibt unverarbeitet zurück und damit wird jemand enger und angespannter.

Eine innere Begegnung mit den Verstorbenen, bei der sie Gestalt gewinnen und wieder wie lebendig werden, ist heilsam. Alte Bilder, die bisher unverändert in den Köpfen waren, können sich so verändern. Verstorbene bekommen dadurch einen guten Platz im eigenen Leben und in der Familie insgesamt. Sie zählen und gehören mit dazu. Das befriedet und entspannt.

# Herzrhythmusstörungen
## oder wie der
## Krieg heute noch seine Schatten wirft

*Herr Krüger ist Mitte 50, in verantwortlicher Position in einem Großkonzern. Ihn beunruhigen seine Herzrhythmusstörungen, die sich in letzter Zeit häufen. Sein Kardiologe fand keinen organischen Befund, sondern führte sie auf Überarbeitung zurück.*
*Für Herrn Krüger sind 60 Stunden Arbeitszeit pro Woche keine Seltenheit. Dazu kommen viele Auslandsreisen. Nach seiner zweiten Scheidung hindert ihn nichts mehr, ganz und gar in der Arbeit aufzugehen. Allerdings macht es ihn nicht glücklich. Er fühlt sich ständig unter Druck und erlebt sich als fahrig und gestresst.*

Die Vermutung, dass er eine hohe innere Dauerspannung mit sich herumträgt, bestätigte Herr Krüger sofort. Ja, er braucht Stress und hohe Anforderungen. So war er schon immer, fügt er hinzu. Er ist also ein typischer »Workaholic«, jemand, der arbeiten MUSS – ganz gleich, was von außen herangetragen wird.

Viele, die sich als bloßes Opfer vom Stress ihrer Umwelt erleben, machen sich hier etwas vor. Sie verkennen ihr geheimes Bedürfnis nach Stress. Langfristig mag es das Privatleben und die Gesundheit ruinieren. Aber das ist egal. Stress wirkt eher wie ein Fluch, dem jemand nicht entgehen kann, weil er ihn immer wieder braucht und sucht. Es hat etwas von Suchtverhalten, wie eine Droge, von der jemand dauerhaft abhängig ist.

Es dauert oft lange, bis Süchtige ihre Abhängigkeit entdecken. Vielleicht dämmert die Erkenntnis im lang geplanten, endlich verwirklichten Familienurlaub, wenn statt der erträumten Ruhe und Harmonie das Handy dauernd klingelt und Stunden damit verbracht werden, E-Mails mit dem Notebook zu beantworten.

Wenn Herr Krüger schon immer so war – vielleicht hat ihn die Natur einfach mit einem solchen Nervenkostüm ausgestattet? Menschen unterscheiden sich enorm. Es mag nur eine besonders extreme Spielart von etwas ganz Normalem sein.

Auf der anderen Seite ist er nicht zufrieden damit, wie er lebt. Und auch seine Herzbeschwerden deuten darauf hin, dass es möglicherweise Ungeklärtes in seinem Leben gibt, das sich auf diese Weise auswirkt. Deshalb ist hier der Blick zur Familie wichtig.

Herr Krüger ist ein Kind der ersten Wirtschaftswunderphase. Bei der weiteren Erkundung der Familiengeschichte ergibt sich, dass sein Vater fünf Jahre als Soldat im Zweiten Weltkrieg gekämpft hatte, anschließend weitere zwei Jahre in Kriegsgefangenschaft war. Er heiratete nach seiner Rückkehr, gründete einen Handwerksbetrieb und bekam drei Kinder.

Das klingt banal und normal. Es beschreibt die Lebensgeschichte vieler überlebender deutscher Soldaten. Was im kollektiven Erleben »normal« ist, ist für die einzelnen Betroffenen jedoch völlig anders. Krieg ist für junge Soldaten ein totaler Bruch mit all dem, was Gesellschaft und Familie ihnen bis zu diesem Zeitpunkt vermittelt hatte. Als Soldat im Kampf zu töten und zu erleben, wie Kameraden sterben, ist ein Schock. Dazu kommen die Grausamkeit des Kriegs, das eigene Leiden und das Leiden der Zivilbevölkerung.

Krieg und Kriegsgefangenschaft sind ein Horror. Das ganze Leid und der Schmerz, die erlebte Todesangst werden nicht einfach vergessen, sondern stecken »in den Knochen«. Die Spannungen werden nicht mehr bewusst gespürt, sie sind wie abgespalten. Erkennbar werden sie nur in dem inneren Druck, unter dem jemand nach solchen Erlebnissen steht.

Leicht kann dann die Kontrolle verloren werden, sodass jemand panisch oder blindwütig reagiert. So ist Entspannung nicht mehr wirklich möglich. Denn wenn jemand ganz entspannen würde, kämen all die unterdrückten Erinnerungen wieder hoch. Die Spannung wirkt wie eine Tür, die fest zugehalten wird, damit das, was dahinter ist, auch wirklich dahinter bleibt.

Erst in den letzten Jahren hat die Traumaforschung die Aufmerksamkeit auf die Folgen und Schäden gelenkt, die in einer solchen Lebensgeschichte erlitten werden. Die Zeit scheint reif zu sein, die zerstörerischen Wirkungen des Kriegs auf die dabei beteiligten Soldaten ungeschönt zu sehen. Reportagen berichten heute darüber, wie seelisch beschädigt und verwundet Soldaten aus dem Irak oder Afghanistan zurückkehren.

Herr Krüger hat den Vater immer kontrolliert erlebt. Wenn er einmal die Kontrolle verlor, so erinnert er sich, dann wurde er richtig gefährlich. Ob er den Vater auch weich und liebevoll gesehen hat? Ja, da gab es schon einige Szenen, Weihnachten oder in den Ferien, aber das waren wirklich große Ausnahmen. Deswegen war sein Verhältnis zu ihm auch immer sehr distanziert gewesen. Er hat ihn auch nach seinem Tod nie vermisst. Denn vermissen, so meint er, kann man ja nur etwas, was man erlebt hat.

Kinder sind enorm feinfühlig. Sie nehmen alle feinen Schwingungen wahr, die Vater oder Mutter ausstrahlen. Es ist nicht nötig, dass jemand von schlimmen Ereignissen erzählt. Der erlebte Schrecken wird in den starren Augen sichtbar. Der Vater von Herrn Krüger z. B. hat nie etwas von seinen Erlebnissen in Krieg oder Gefangenschaft berichtet. Schweigen schützt aber nicht. Bisweilen wirkt Verschwiegenes sogar noch bedrohlicher. Kinder nehmen diese Spannung auf. Herr Krüger trägt einen Teil dieser Spannungen seines Vaters mit. Es sind diese Spannungen, die ihn keine Ruhe finden lassen. Ständige Arbeit hilft ihm, damit zu leben.

Damit steht Herr Krüger nicht allein. Solche Dauerspannungen sind oft die Folge von Ereignissen, die sich in den letzten zwei bis drei Generationen in der Familie ereignet haben. Neben frühen Todesfällen in der Familie, wie gerade eben bei Herrn Burger geschildert, ist es vor allem der Krieg. In Deutschland stehen das Dritte Reich und der Zweite Weltkrieg im Hintergrund jeder Familie. Wir finden also in jeder Familie jemand, aus der letzten oder vorletzten Generation, also Eltern, Großeltern, Onkeln und Tanten, die traumatische Erfahrungen gemacht haben. Den Schrecken des Kriegs haben die meisten Männer als Soldat im Kampf oder in Gefangenschaft erlebt und die Frauen bei Bombenangriffen, Vertreibung und Flucht.

Die emotionalen Auswirkungen des Zweiten Weltkriegs sind längst nicht vorbei. Wie stark diese Ereignisse noch in uns mitschwingen, zeigt das dauerhafte Interesse für alle Buchthemen, Fernsehsendungen und Kinofilme über diese Zeit. Erst die jetzige junge Generation hat anders als die älteren Generationen mehr Abstand zu diesen Zeiten. Allerdings zeigt ein Blick ins Fernsehprogramm, ins Kino oder in Computerspiele, dass Spannungen nicht weniger werden. Durch die modernen Medien rückt die Welt zusammen. Der Krieg im Irak oder die Auseinandersetzungen zwischen Israelis und Palästinensern finden quasi im Wohnzimmer statt. So ist es fast unmöglich, sich dem zu entziehen.

Wie kann Herr Krüger mit seinen körperlichen Beschwerden, mit seinem Gefühl des Drucks und seinem Stress umgehen? Seine Herzrhythmusstörungen deuten darauf hin, dass etwas mit seinem Herzen nicht in Ordnung ist. Unser Herz ist auf der einen Seite ein zentrales körperliches Organ, auf der anderen Seite auch ein Symbol für die seelische Seite des Menschen.

Deswegen die Fragen an Herrn Krüger: »Könnte es sein, dass Ihr Herz unregelmäßig schlägt und gestört ist, weil es verschlossen ist? Dass Sie es verschlossen haben wie Ihr Vater?«

Unterschiede trennen. Wer sich anders verhält, anders fühlt und erlebt als Eltern, Geschwister oder Partner, fühlt sich getrennt und ist allein. Ähnlichkeit jedoch verbindet und versöhnt. Dass er seinem Vater hierin ähnlich ist, ist eine ganz neue Sichtweise für Herrn Krüger. Und dass Zuneigung dahinterstehen soll, rührt ihn unvermittelt. Er hat sich immer als hart und verschlossen empfunden.

Er lauscht ganz aufmerksam bei dem, was ich ihm über die Beziehung zwischen Eltern und Kindern mitteile. Alle Kinder lieben ihre Eltern. Diese Liebe ist mitunter durch Verletzungen in den Untergrund gedrängt. Damit etwas heilt, müssen die Eltern sich nicht ändern. Es genügt, wenn das Kind seine Liebe wiederentdeckt. Und alle Eltern lieben ihre Kinder. Diese Liebe ist manchmal tief verschüttet. Vielleicht war es dem Vater von Herrn Krüger fast unmöglich, die eigene Zuneigung zum Sohn zuzulassen, weil er so belastet war durch seine Erlebnisse in Krieg und Gefangenschaft.

Herr Krüger braucht einige Zeit, um diese Gedanken immer mehr auch zu fühlen. Allmählich fühlt er sich seinem Vater näher. Gleichzeitig sieht er, wie der Krieg ihn verändert hat und entdeckt den anderen Menschen, der sein Vater darunter und vor dem Krieg gewesen war. Er kommt in Frieden mit ihm und entspannt sich selbst dadurch mehr. Dass er allmählich seine Überstunden reduziert, ist nur ein Nebenprodukt.

## Der perfekte Controller oder welche Folgen frühe Schocks haben

*Herr Runge, Anfang 40, arbeitet in einem Großunternehmen als Controller. Zur Zeit steckt er in Schwierigkeiten.*
*Zwar hat er hervorragende fachliche Qualifikationen und geht in seiner Arbeit auf. Probleme jedoch hat er mit seinen Kollegen. Nach einer Umstrukturierung ist mehr Teamarbeit*

*angesagt. Doch die entspricht ihm gar nicht. Die Konflikte*
*mit den Kollegen eskalieren inzwischen. Sie werfen ihm vor,*
*dass er sich Auseinandersetzungen und Gesprächen entziehe*
*und nur mit Zahlen argumentiere. Inzwischen hat sich auch*
*sein Vorgesetzter eingeschaltet und durch die Blume vor*
*Konsequenzen gewarnt, wenn er sich nicht kooperativer*
*verhalte.*
*Herr Runge versteht nicht, was Chef und Kollegen eigentlich*
*von ihm wollen. »Ich mache doch meine Arbeit gut. Zahlen*
*sind meine Stärke, nicht Menschen. So bin ich nun ein-*
*mal!«*

Was sucht Herr Runge in einem Kapitel über Stress und innere
Dauerspannung? Er ist zwar im Moment etwas aufgebracht,
aber von dieser leichten Erregung abgesehen wirkt er ruhig
und kontrolliert. Ja, er hat sogar ein Blatt Papier mitgebracht,
auf dem er versucht, die Reaktionen der einzelnen Kollegen
und seines Chefs zu analysieren. Alles in allem entspricht er
dem Klischee des Controllers, der mit Zahlen gut umgehen
kann, aber nicht mit seinen Kollegen.

Spannungen sind nicht sichtbar, aber Herr Runge ist auch
nicht entspannt. Er zeigt kaum Gefühle, ist blass und sein Gesicht ist meist ausdruckslos. Er trägt eine Brille und die Augen
blicken recht starr. Wer entspannt ist, muss auch in Kontakt
mit seinen Gefühlen sein. Wer ständig rational ist, hat sich
von ihnen abgekoppelt. Dazu braucht es eine ständige innere
Kontrolle und Wachsamkeit, um gefühlsmäßige Reaktionen
zu unterdrücken. Menschen, denen man begegnet, sind dabei
unangenehm und stören. Denn Menschen wollen Kontakt
und provozieren Gefühle. Zahlen sind dagegen angenehm.
Von ihnen ist nichts zu befürchten.

Die gefühlsmäßige Seite ist aber besonders wichtig im
Umgang mit anderen Menschen. Damit wird jemand zum le-
bendigen Gegenüber. Die Kollegen von Herrn Runge vermissen diese Seite. Sie wollen jemanden, der ihnen kollegial und

menschlich begegnet. Sie erleben, dass er dieses Angebot zurückweist. Sie fühlen sich abgelehnt, nicht verstanden und werden ärgerlich, wenn er nur mit Zahlen argumentiert. Herr Runge wirkt unsympathisch, denn zur Sympathie braucht es Gefühle. Der reine Kopfmensch erzeugt keine Sympathie.

Zwar ist Herr Runge Controller. Seine beruflichen Aufgaben erfordern genau diese Fähigkeiten, die er so hervorragend besitzt. Aber durch die Konflikte im Unternehmen ist er jetzt an eine Grenze gelangt. Nun wird mehr von ihm verlangt. Was tun? Ob ihm ein paar gute Seminare zum Thema Kommunikation helfen könnten, diese Konflikte zu entschärfen? Vermutlich. Denn sein Verstand ist sehr scharf und er bekommt schnell mit, wie Menschen funktionieren.

Natürlich ist es für ihn zweckmäßig, die eigene Fassade zu verändern und zu verschönern. Aber weit erfolgreicher wird jemand, wenn er neues Potenzial in seiner Tiefe entdeckt. Kann auch Herr Runge Zugang zu mehr Gefühl finden? Oder ist er nun einmal jemand, der von Natur aus mit geringer emotionaler Intelligenz ausgestattet ist?

Kann der Blick auf sein Leben und seine Familie hier mehr Erkenntnis bringen? Sein Vater ist Beamter, die Mutter Hausfrau. Er hat noch zwei Geschwister und ist der Jüngste. Beide Großväter waren als Soldat im Krieg gewesen. Herr Runge berichtet diese Fakten normal, sodass sie zunächst nicht relevant erscheinen.

Erst noch genaueres Nachfragen führt zu einem gravierenden Ereignis. Herr Runge war eine schwere Geburt gewesen, bei der seine Mutter fast gestorben wäre. Er selbst verbrachte die ersten Wochen auf der Intensivstation. Seine Mutter brauchte ein halbes Jahr, um wieder gesund zu werden.

Solche frühen Erlebnisse haben oft einschneidende Wirkung auf das Lebensgefühl und die persönliche Entwicklung. Seine Geburt war für Herrn Runge lebensbedrohlich. All das wirkt sich unmittelbar auf den Körper, das Gehirn und das

Nervensystem aus. Der Körper wird aufs Höchste alarmiert, Stresshormone durchfluten ihn. Gerade wenn das Nervensystem noch in der Entwicklung ist, wird der nötige Wechsel zwischen Entspannung und Anspannung nicht im Nervensystem verankert.

Jedes Kind hat eine erste natürliche Bewegung hin zur Mutter, um dort Schutz und Sicherheit zu finden. Wenn das Kind wie Herr Runge eine frühe Trennung erlebt, wird dieser Drang abrupt und krass gestoppt. Das Kind erlebt einen Schock. Etwas wird in der Beziehung von Mutter und Kind elementar gestört. Es schreit nach der Mutter, aber sie kommt nicht, sondern bleibt für Tage von ihm weg. Irgendwann gibt es das Schreien auf. Es zieht sich in sich zurück, um sich so vor dem unerträglichen Gefühl der Sehnsucht zu schützen.

Aber es traut sich in Zukunft nicht mehr, seinem spontanen Impuls hin zur Mutter zu folgen. Die natürliche Hinbewegung bleibt unterbrochen. Die starke Sehnsucht ist zwar weiterhin da. Nur kippt dieses Gefühl dann von allein um in Trauer, Schmerz, Wut und Frustration. Für das Überleben ist es gut, wenn das Kind sich von diesen Empfindungen ein Stück weit abschneidet. Dann wirkt an der Oberfläche alles recht normal – und trotzdem fehlt irgendetwas.

Herr Runge war schon als Kind sehr vernünftig. Er war gern Schüler. Buchstaben und Zahlen faszinierten ihn. Der Verstand ist ein guter Kontrollmechanismus. Ihn zu entwickeln, hilft die Gefühle im Zaum zu halten. Er trägt Spannungen von diesen frühesten Erfahrungen mit sich. Menschen machen ihm Stress. Das, was er im Verhältnis zu seiner Mutter nicht bewältigt hat, bringt er in alle anderen mitmenschlichen Beziehungen mit ein. Deswegen passt Herr Runge in ein Kapitel über Dauerspannungen.

Bei Herrn Runge ist zudem noch etwas vorgefallen, das die Annäherung an die Mutter besonders schwierig machte. Seine Mutter wurde durch seine Geburt krank. Auch wenn er damals erst ein Baby war – hier entsteht ein großes unbewusstes Schuldgefühl bei dem Kind. Es fühlt sich schuldig am Leiden der Mutter durch seine Geburt. Extrem belastend für einen Menschen ist es, wenn die Mutter bei seiner Geburt stirbt.

Herr Runge ist erst einmal überrascht, von solchen Zusammenhängen zu hören. Gerade das Thema mit dem Schuldgefühl geht ihm nicht aus dem Kopf. Er war doch damals ein Neugeborenes, das vom Leben und der Welt noch völlig ungeprägt war. Wie soll sich ein solch unschuldiges Wesen schuldig fühlen? Ist Schuld nicht ein kulturelles oder soziales Konzept, das einem später beigebracht wird? Ein Baby kann doch nichts dafür, was mit ihm und durch es geschieht.

Gleichzeitig spürt er, dass dieser Gedanke ihm nahegeht. Er berührt eine Schicht in ihm, zu der er bislang keinen Zugang hatte. Auch ihm hilft die Arbeit mit inneren Bildern, um noch mehr in Kontakt mit diesem Thema zu kommen.

Er begegnet in seiner Vorstellung seiner Mutter. Er schließt die Augen, entspannt sich und stellt sie sich dann vor. Wie geht es ihm dabei? Er hat keine Gefühle, ist gefühllos. Auch sie schaut ihn mit einem neutralen Blick an.

Der erste Vorschlag an ihn ist, ihr in seiner Vorstellung zu sagen: »Du bist bei meiner Geburt fast gestorben und warst dann ein halbes Jahr lang krank.« Als er sich vorstellt, diesen Satz zu sagen, wird ihm richtig übel. Dann fügt er an: »Und deshalb fühle ich mich schuldig.« Herr Runge ist danach perplex. »Es stimmt wirklich, wenn ich ihr das sage. Da ist so ein dumpfes Unbehagen, richtig schmerzhaft und kaum auszuhalten.« Bei allem Schrecken, den so eine Einsicht auslösen mag, ist es immer auch erleichternd. Denn plötzlich bekommt etwas eine Form, das bisher immer nur wie ein drohender Schatten im Hintergrund lauerte.

Jetzt kommt die Aufforderung an ihn, sich vorzustellen, dass auch seine Mutter etwas zu ihm sagt: »Es ist mein Risiko als Frau und Mutter, bei der Geburt eines Kindes zu sterben. Ich nehme dieses Risiko auf mich. Du bist nur das Kind und unschuldig.« Er ist ganz konzentriert bei dieser Vorstellung und ist dann eine Zeitlang still, bevor er berichtet, wie es ihm dabei geht. Die Sätze haben einen Kern getroffen. Sie wirken befreiend auf ihn, als ob ihm damit eine Verantwortung genommen wäre, die ihm nicht zukommt. »Dann sag doch noch innerlich deiner Mutter Dank dafür.« Er schließt wieder die Augen und sein Gesicht entspannt sich. Anschließend berichtet er, dass ihn seine Mutter jetzt ganz liebevoll angesehen hat.

Für Herrn Runge war das ein entscheidender erster Schritt, um mehr mit Gefühlen in Kontakt zu kommen. Er ist zurückgegangen zu der zentralen Stelle, an der er aufgehört hatte zu fühlen. Sein Weg zu mehr Gefühlen wird noch länger sein. Die Folgen der frühen Trennung sind Teil seiner Persönlichkeit und seines Körpers geworden. Nach meiner Erfahrung sind Traumaansätze, die die körperliche Ebene behutsam einbeziehen, hier besonders hilfreich. Es braucht Zeit und eine Reihe von Sitzungen, damit das Nervensystem langsam umlernen kann.

Manche therapeutischen Ansätze legen sehr viel Wert darauf, in einem solchen Fall unterdrückte Gefühle auszudrücken. Die Idee dahinter ist, dass dadurch die in unterdrückten Gefühlen festgehaltenen Energien wieder integriert werden. Grundsätzlich ist das eine gute Richtung, um zu mehr Lebendigkeit zu finden. Wer zum ersten Mal alte Trauer, Schmerz und Wut ungehemmt ausdrückt, wird dadurch lebendiger.

Aber es ist nicht die Lösung. Denn manch einer drückt jahrelang solche Gefühle aus, ohne dass er zur Ruhe kommt. Er dreht sich endlos im Kreis. Denn Schmerz und Wut sind nur Ersatzgefühle. Das ursprüngliche Gefühl ist das Bedürfnis, der Mutter nahezukommen. Es ist die Sehnsucht, sich wieder zu ihr hinzubewegen und in den Armen gehalten zu werden. Aus dieser Nähe erwächst Heilung.

Dabei ist es nicht von Bedeutung, dass die Ereignisse schon 40 Jahre zurückliegen. In der Vorstellung lässt sich Versäumtes nachholen und findet so seinen Abschluss. Es ist gut, einen Therapeuten oder eine Therapeutin mit einem mütterlichen Herzen zu finden. Die Therapeutin bittet dabei den Klienten, sich innerlich zurückzuversetzen in die Zeit, als dieser Schock der Trennung geschah. Dann stellt der Klient sich in einigem Abstand ihr gegenüber. Sie fühlt sich in die Mutter ein und er kann sich ihr langsam nähern.

Es ist sehr berührend zu sehen, wie schwierig das für den Betreffenden ist. Der Schmerz und die Enttäuschung stecken so tief. Es ist ein Prozess, der in der Regel einige Stunden braucht. Da geschieht ein langsames Annähern, dann wieder ein Stück Zurückweichen und nach einer Erholungspause wieder Näherkommen. Erst wenn das Kind ganz nahe gekommen ist und bittend die Arme ausstreckt, kann die Therapeutin als Stellvertreterin der Mutter den Klienten in die Arme nehmen und halten. Damit erreicht die Hinbewegung, die so lange unterbrochen war, ihr eigentliches Ziel. Die alten negativen Gefühle lösen sich auf dem Weg dahin wie von allein auf.

Herr Runge begab sich auf diesen längeren Weg. Nach einem halben Jahr hat er mehr Farbe im Gesicht bekommen und ist lebendiger geworden. Zahlen liebt er als alte Freunde nach wie vor. Aber er ist jetzt in der Lage, anders auf seine Kollegen zuzugehen. Natürlich ist er anfangs noch unbeholfen und muss manches nachlernen, was er bisher versäumt hat. Aber die besseren Kontakte, die er dadurch bekommt, sind ihm ein Ansporn, auf diesem Weg weiterzugehen.

# Überblick über die Aufstellungsmethode

Aufstellungen sind eine wirkungsvolle Methode, um in Beziehungen und über sich selbst neue Erkenntnisse zu gewinnen und Veränderungen zu initiieren. Seit 1995 hat sich diese Methode von Deutschland aus in rasantem Tempo über Europa, die Vereinigten Staaten, Südafrika, China, Japan und Australien verbreitet.

Der Kern der Methode sieht so aus: Es gibt einen Konflikt zwischen Personen, z. B. innerhalb einer Familie. Der Klient wählt Stellvertreter für alle beteiligten Personen aus und weist ihnen einen Platz im Raum zu. Dabei gibt es für die Stellvertreter keine Anweisungen, wie sie sich zu verhalten oder zu fühlen haben. Die Stellvertreter spüren nach, wie sie sich an ihrem Platz fühlen und welche Beziehungen sie zu den anderen aufgestellten Personen wahrnehmen.

Mithilfe der Stellvertreter werden Konflikte und Verbindungen sichtbar gemacht und es können Lösungen aufgezeigt werden. Oft kommen dadurch Dynamiken ans Licht, die bisher verborgen waren.

Bisweilen ist es eine Art Kurzanalyse. Da gibt es Schwierigkeiten in einer Beziehung und das Paar stellt sich selbst durch zwei Stellvertreter auf. Die Stellvertreterin der Frau sagt, dass sie ihren Mann gar nicht richtig sehen kann. Sie muss immer an ihm vorbeischauen, als ob da jemand stünde. Als die Frau nach mehr Informationen über ihre Familie gefragt wird, erzählt sie, dass sie einen Zwillingsbruder hatte, der kurz nach der Geburt starb. Jetzt wird ein Stellvertreter für den Zwillingsbruder an den leeren Platz in der Aufstellung gestellt. Alles entspannt sich. Das ist derjenige, auf den die Frau unbewusst ausgerichtet war. Kein Wunder, dass die Beziehung bisher schwierig war!

Aufstellungen wurden ursprünglich nur bei familiären Themen angewandt. Eine Fülle von Einsichten wurde gewonnen über Eltern-Kind-Konflikte, über die Beziehungen von Männern und Frauen und wie über mehrere Generationen Konflikte weitergegeben werden.

Inzwischen ist diese Methode um viele Anwendungsfelder erweitert worden. Aufstellungen für Organisationen haben sich sehr verbreitet, aber auch für andere Systeme wie das der Politik. Es lassen sich auch Krankheiten, das Erreichen eigener Ziele oder Entscheidungsschwierigkeiten aufstellen.

Aufstellungen reichen daher heute weit über die Familie hinaus. Es ist zu vermuten, dass diese Methode sich auch noch in den nächsten Jahrzehnten weiterverbreiten und in vielen Bereichen Nutzen bringen wird.

## Hintergrund und Entstehung der Aufstellungen

In ihrer ursprünglichen Form wurden Aufstellungen für Familien von Bert Hellinger zwischen 1980 und 2000 entwickelt. Natürlich fing Hellinger auch bei der Aufstellungsmethode nicht völlig von vorne an. Jeder Pionier baut – bewusst und unbewusst – auf dem auf, was vor ihm geschaffen und gefunden wurde. So hatte lange vor Hellinger, Anfang des 20. Jahrhunderts, J. L. Moreno das Psychodrama entwickelt, bei dem persönliche Konflikte durch Stellvertreter dargestellt wurden.

Später entwickelte Virginia Satir die Familienskulptur, bei der Stellvertreter Familienmitglieder darstellen und die eigene Familie als lebende Statue aufstellen. Auch andere wandelten solche Formen ab. So berichtet Hellinger davon, wie er in den USA bei den Familientherapeuten Les Kadis und Ruth McClendon Therapieseminare besucht hat, bei denen gelegentlich auch Familien aufgestellt wurden.

Über diese bereits existierenden Formen von Aufstellungen hinaus hat Hellinger einen einzigartigen Beitrag geliefert. Er verzichtete darauf, den Stellvertretern Vorgaben für die Darstellung ihrer Rolle zu machen. Dadurch stieß er auf das Phänomen, dass die Stellvertreter auch Dinge spüren, die sie eigentlich gar nicht wissen können. Es ist so, als ob durch eine Aufstellung ein Feld erzeugt wird, das Zugang zu unbewusstem Wissen gibt. Mehr und mehr lernte er, den Stellvertretern und ihren Empfindungen zu vertrauen. Er beobachtete genau ihre Reaktionen und experimentierte mit Sätzen, die er den Stellvertretern vorgab.

Die Leitlinien, nach denen er vorging, waren einfach: Was gibt Kraft? Was nimmt Kraft? Interventionen, die unmittelbar Erleichterung brachten, waren die richtigen. Diejenigen Sätze, die eine gute Wirkung hatten, wurden weiterverwendet. Vorschläge, die keine Veränderung erzielten oder den Zustand verschlechterten, waren die falschen.

Stellvertreter nehmen also etwas von den Gefühlen und Beziehungen der fremden Personen wahr, die sie vertreten. Das ist die wesentliche Grundlage der Arbeit mit Familien-Aufstellungen. Ohne dieses Fundament könnten solche Aufstellungen nicht die Form haben, in der sie durchgeführt werden. Wer zum ersten Mal an einer Aufstellung teilnimmt, kommt ins Staunen, später gewöhnt er sich an dieses Phänomen.

Wer als Stellvertreter steht, teilt seine Wahrnehmungen aus der Rolle mit. Der Leiter der Aufstellung sucht zum einen nach den Personen in der Familie, die bisher vergessen oder ausgeschlossen waren. Auch für diese Personen wird ein Stellvertreter aufgestellt. Weiterhin sucht er nach verborgenen Verbindungen und Spannungen in der Familie, die an die Oberfläche kommen.

In der konkreten Arbeit in ihrer klassischen Form komprimiert der Leiter die Aussagen der Stellvertreter oft in einfachen Sätzen, die er vorschlägt und die von den Stellvertretern ausgesprochen werden, z. B. sagt ein Mann zu seiner Frau:»Ich danke dir und achte dich.« Ein stimmiger Satz entspannt, denn damit ist eine Wahrheit an die Oberfläche gekommen. Immer wieder werden die vorgegebenen Sätze auch als im Moment nicht stimmig verneint. Dann wäre vielleicht der Satz richtig:»Ich trage dir noch etwas nach und habe einen Vorwurf.«

Unterschiedliche Aussagen lassen sich so ausprobieren und überprüfen. Was vom Stellvertreter abgelehnt wird, ist unpassend und im Moment nicht hilfreich. Insofern sind die Stellvertreter maßgeblich für die Entwicklung und den Ablauf einer Aufstellung. Ein entscheidender Schritt besteht darin, die Plätze zu verändern und nach einer guten Ordnung zu suchen, d. h. nach einer Ordnung, in der jeder sich auf seinem Platz wohlfühlt.

Aus vielen Momentaufnahmen ergaben sich allmählich übergreifende Gemeinsamkeiten. So entstanden Einsichten über elementare Zusammenhänge und »Ordnungen« in Familien, die auch in den vorangegangenen Kapiteln immer wieder eine Rolle spielten.

Heute stellen viele je nach ihren Kenntnissen und Erfahrungen in unterschiedlichen Formen Systeme und Familien auf. Aber auch Hellinger selbst hat sich von der von ihm entwickelten ursprünglichen Methode gelöst. Schon Ende der 90er-Jahre änderte er seine Arbeitsweise. Bis dahin waren Schwerpunkt seiner Aufmerksamkeit die in Familien herrschenden Ordnungen. Dabei war er in Aufstellungen direktiv und brachte die Ordnungen schnell und klar in die Familie hinein. Nun verschob er seinen Fokus radikal auf die Impulse, die die Stellvertreter wahrnahmen. Diese Aufstellungen nannte er »Bewegungen der Seele«. Dabei griff er, nachdem der Klient die Stellvertreter aufgestellt hatte, kaum mehr ein. Seine Anweisung war nur zu Beginn: »Folgt euren Impulsen langsam und ohne zu sprechen.« So entfalteten sich ganz neue Aufstellungen, schweigend, intensiv und in oft überraschende Richtungen.

Darüber hinaus kamen etwa zur gleichen Zeit Einladungen in andere Länder. Immer wichtiger für Hellinger wurde es, die Aufstellungsarbeit in die Welt hinauszutragen. Selbst im Alter von mehr als 80 Jahren unternimmt er lange Flugreisen, die ihn in die USA, nach Südamerika, China, Japan und in die Mongolei führen. Dabei waren in Ländern wie Argentinien, Kolumbien oder Nicaragua besonders die Kriege und Bürgerkriege sowie die historischen und aktuellen Konflikte bedeutsam.

Mit seiner zweiten Frau Sophie gründete er 2004 in Deutschland die »Hellingerschule«, um in diesem Rahmen seine Arbeit fortzusetzen. Seine neue Arbeit nennt er das »geistige Familienstellen«. Es hat sich von den früher wegweisenden Ordnungen der Familie gelöst und zentriert sich auf das, was im Klienten und in einem oder zwischen ganz wenigen Stellvertretern geschieht. Hellinger vertraut dabei ganz seinen Eingebungen, die aus der eigenen Stille heraus im Moment in ihm auftauchen. Das Wissen darum, wer die Personen sind, was mit ihnen geschah oder geschieht, wird unmaßgeblich. Allein die Präsenz dessen, was sich zeigt, zählt.

# Familienaufstellungen als Ritual oder
## der Dank fürs Leben

Ziel einer Familienaufstellung ist es, persönliche Konflikte und Barrieren, die aus dem Zusammenhang der Familie entstanden sind, zu lösen. Oft geht es um die Klärung des Verhältnisses zu den Eltern und darum, den eigenen guten Platz in seiner Herkunftsfamilie zu finden. Manchmal geht es auch darum, alte Lasten und Belastungen aus der Familie loszulassen. Aber auch Schwierigkeiten in der eigenen Partnerschaft oder das Verhältnis zu seinen Kindern sind ein häufiges Thema.

Die praktische Durchführung sieht so aus: Aufstellungen mit Stellvertretern finden meist im Rahmen eines Seminars statt, in dem die meisten Teilnehmer die Aufstellung eines eigenen Themas durchführen wollen. Im Regelfall kommt jeder für sich allein, die anderen Mitglieder seiner Familie braucht er nicht für diese Arbeit. Manchmal kommen auch Geschwister, ein Elternteil mit einem Kind oder Paare.

Wer aufstellen will, wählt zunächst aus den anderen Seminarteilnehmern Stellvertreter für jedes wichtige tote oder lebendige Mitglied der Familie, sich selbst eingeschlossen. Dann gibt er spontan – ohne zu sprechen und ohne jede Erklärung – jedem der Reihe nach im Raum einen Platz und eine Blickrichtung. Dabei wird weder eine bestimmte Haltung noch ein bestimmtes Gefühl vorgegeben. Dann setzt sich der Klient wieder. Von jetzt an bis zum Ende der Aufstellung ist er meist nur noch Beobachter und achtet auf das, was der Leiter und die Stellvertreter sagen und tun.

Der Leiter bittet die Stellvertreter, sich auf die Empfindungen an ihrem Platz einzulassen. Nach kurzer Zeit befragt er sie einzeln zu ihren Wahrnehmungen. Die Teilnehmer, die den fremden Platz einnehmen, fassen die Spannungen, Konflikte und Beziehungen, die sie an ihrer jeweiligen Stelle und in ihrer jeweiligen Rolle empfinden, in Worte. Die Plätze haben ihre eigene Wirkung, sodass jeder, der an diesem Platz steht, ähnlich reagiert. Ja, bisweilen verwendet ein Stellvertreter sogar die Worte, die ein Familienmitglied immer benutzt hat.

Ziel ist es, dass jeder einen Platz in der Familie hat, an dem er sich wohlfühlt. Oft sieht für eine Familie die Ordnung so aus, dass die Eltern sich leicht zuwenden und ihren Kindern gegenüberstehen. Diese stehen in einem leichten Halbkreis, wobei zuerst der Älteste kommt und dann die anderen ihrem Alter nach. Dabei ist besonders heilsam, dass die bisher Vergessenen oder Ausgeschlossenen ihren Platz erhalten.

Ein zentraler Punkt hat mit dem Verhältnis zwischen Eltern und Kindern zu tun. Auch wenn Eltern und erwachsene Kinder heute zu einem fast kameradschaftlichen oder sogar freundschaftlichen Verhältnis finden können, so bleibt doch ein elementarer Unterschied zwischen ihnen, der schon erwähnt wurde. Der Vater hat das Kind gezeugt, die Mutter hat es empfangen, dann neun Monate in ihrem Körper genährt und wachsen lassen und schließlich in der Geburt zur Welt gebracht. Auch wenn die moderne Medizin die Müttersterblichkeit sehr verringert hat, so hat doch auch heute noch eine Geburt etwas von dieser lebensgefährlichen Seite.

Wenn Kinder sich ihren Eltern gegenüber überlegen fühlen und überheblich sind, dann deshalb, weil sie diesen elementaren Unterschied vergessen haben oder ignorieren. Wenn sie sich dessen bewusst sind, lösen sich viele Ansprüche auf.

In den vorangegangenen Kapiteln wurden oft Einsichten und Haltungen beschrieben, die Spannungen lösen und Kraft geben. In Aufstellungen finden sie sich oft komprimiert in einfachen klaren Sätzen, manchmal in einer fast altertümlich wirkenden Sprache. Dann bekommen Aufstellungen etwas von einem heilenden Ritual. Der Klient sitzt dabei und erlebt, wie sein Stellvertreter diese Sätze spricht. Er erlebt, wie sie ihm guttun. Es liegt dann an ihm, ob er dem, was gesagt wird, innerlich folgt. In Aufstellungen klingt das dann so:

*Der Sohn steht verloren vor dem Vater. Der Vater trägt schwer an einer eigenen Last, schaut zu Boden und hat keinen Blick für sein Kind übrig.*

*Dann gibt der Leiter dem Stellvertreter des Sohnes die folgenden einzelnen Sätze vor, die dieser langsam nachspricht. »Du hast mich gezeugt und bist mein Vater. Das Leben ist durch dich zu mir gekommen. Das Leben ist das größte Geschenk und dafür danke ich dir. Und was ich nicht von dir bekommen habe, nehme ich mit Dankbarkeit von anderen an.«*

*Etwas Erstaunliches geschieht: Der Sohn entspannt sich und schaut liebevoll zum Vater. Und dieser schaut bei den Worten hoch, sieht seinem Sohn ins Gesicht und lächelt.*

Das ist eine Art Ritual. Das so im Alltag auszudrücken wäre übertrieben, fast kitschig. In einer Aufstellung entfalten solche Sätze – wenn sie in dem Moment stimmig sind, wohlgemerkt – eine heilsame Wirkung. Anstatt immer noch auf etwas zu hoffen, wozu sein Vater nicht in der Lage ist, spürt jetzt der Sohn unter all der Enttäuschung die eigene Liebe.

Am Schluss der Aufstellung tritt der Teilnehmer, der aufgestellt hat, an den Platz seines Stellvertreters. Nun nimmt er das neue Bild und die neue Ordnung bewusst wahr und auf diese Weise in sich auf. Bis zu diesem Moment hat er die Aufstellung seiner Familie vom Rand her ohne Kommentierung und Eingreifen angesehen.

Eine Aufstellung dauert im Regelfall zwischen 15 Minuten und einer Stunde, aber auch kürzere und längere Aufstellungen kommen vor. Das Besondere an solchen Aufstellungen ist, dass sie simpel, plastisch und fast holzschnittartig Zusammenhänge zeigen, die vorher meist nicht gesehen, sondern höchstens geahnt wurden. An der guten Wirkung solcher Aufstellungen, von denen immer wieder Teilnehmer berichten, hat sich gezeigt, dass die zutage getretenen Zusammenhänge bedeutungsvoll sind und solche Aufstellungen zu bleibenden Veränderungen führen können.

## Organisationsaufstellungen oder Rivalitäten im Krankenhaus

Schon kurze Zeit, nachdem sich die Form der Familienaufstellung herausgebildet hatte, wandte sich das Interesse auch anderen wichtigen Systemen zu, zunächst den Organisationen.

1994 leitete Hellinger den ersten Workshop für Aufstellungen in Organisationen. Das waren noch Experimente, die Grundlagen zeigen sollten. Galt die Möglichkeit, durch Stellvertreter stimmig etwas nachzubilden, auch für andere Systeme? Wenn ja – gab es auch bestimmte, vielleicht sogar der Familie vergleichbare Grundstrukturen und Gesetzmäßigkeiten, die für Konflikte in Organisationen hilfreich sein würden?

In der Folge entwickelte sich bei Unternehmensberatern, Unternehmern, Führungskräften und anderen in der Wirtschaft Tätigen ein großes Interesse an dieser Form der Aufstellung. Es wurde offensichtlich, dass auch Organisationen bestimmte Ordnungen und Gesetzmäßigkeiten teilweise ähnlich denen der Familie aufweisen. Einzelne Mitglieder der Organisation, aber auch ganze Abteilungen lassen sich dabei durch Stellvertreter repräsentieren. Stellvertreter nehmen dabei ebenso wahr und haben ein Gefühl für die dort angemessenen Ordnungen.

Oft spiegeln sich auch in den Aufstellungen von Organisationen familiäre Themen wider. Denn jeder hat das Bestreben, seine Familienstruktur auch im Unternehmen oder im Team nachzubilden. Teammitglieder haben also die Tendenz, den anderen Mitgliedern Rollen ihrer Familie zuzuschreiben. Naturgemäß kann das zu erheblichen Schwierigkeiten führen.

Gerade Firmengründer oder Vorgesetzte haben, ohne dass sie sich selbst darüber im Klaren sind, einen großen, heimlichen Einfluss auf die Mitarbeiter.

Allerdings gibt es zwei elementare Unterschiede zwischen der Organisation und der Familie. Zum einen ist die Zugehörigkeit zu einer Organisation nur auf Zeit und kann von einem Moment auf den anderen (Kündigung!) abgebrochen werden. Die Zugehörigkeit zur Familie hingegen ist unauflöslich und dauert das ganze Leben.

Zum anderen unterscheidet sich der essenzielle Zweck. Die Familie ist – unabhängig von den jeweiligen kulturellen Prägungen – die traditionelle Form, in der Kinder geboren und meist auch großgezogen werden. Biologisch gesehen ist ein Paar kein Selbstzweck, sondern es geht immer auch um etwas Drittes, nämlich Kinder. Sexualität dient ursprünglich der Weitergabe des Lebens, so sehr das manchmal unter den kulturellen Weiterentwicklungen vergessen werden mag.

Auch Organisationen sind kein Selbstzweck, sie haben eine Aufgabe. Vordergründig geht es um ein Produkt oder eine Dienstleistung, um ein Kundenbedürfnis zu befriedigen. Letztendlich geht es hier immer um den Erhalt, die Sicherung oder die Gestaltung des Lebens.

Hier ist nicht der Rahmen, detaillierter auf die Unterschiede und Gemeinsamkeiten zwischen Familien und Organisationen einzugehen. Dazu liegt inzwischen genügend Literatur vor.

Am folgenden Beispiel soll Sinn und Nutzen einer solchen Aufstellung gezeigt werden.

*Es geht um die dauernden Konflikte in einem Krankenhaus. Es bestehen große Spannungen zwischen den einzelnen Gruppen, insbesondere den Chefärzten und dem Pflegepersonal. Die Verwaltung agiert hilflos dazwischen.*

*In einem Workshop zur Verbesserung der Zusammenarbeit werden Stellvertreter für die Ärzte, das Pflegepersonal, die*

*Verwaltung und die Patienten gewählt. Ein Vertreter der*
*Verwaltung stellt die vier Stellvertreter auf. Die Stellvertre-*
*ter von Ärzten und Pflegepersonal stehen sich nah gegenüber*
*und schauen sich an, die Verwaltung steht an der Seite. Ein*
*Stück weiter weg steht der Stellvertreter für die Patienten*
*und hat mit keinem Blickkontakt.*
*Die anderen beiden Gruppen, Ärzte und Pflegepersonal,*
*stimmen zu, dass dieses Bild auch für sie Gültigkeit hat.*
*Die Stellvertreter werden befragt, wie es ihnen geht. Ärzte*
*und Pflegepersonal spüren starke Spannungen und Rivalität.*
*Die Verwaltung fühlt sich ausgeschlossen und ignoriert. Den*
*Patienten geht es schlecht. Sie haben den Eindruck, dass*
*keiner sich um sie kümmert.*

Dieses Bild mag auch für andere Organisationen gültig sein.
Rivalitäten zwischen Personen oder unterschiedlichen Abteilungen blockieren die Zusammenarbeit. Der eigentliche
Zweck wird aus den Augen verloren. Gerade in sozialen Ein-
richtungen besteht diese Gefahr, vor lauter Bedürfnis, all den
dort Beschäftigten gerecht zu werden. In einer Schule geht es
dann nur noch um die Konflikte im Lehrerzimmer oder mit der
Schulaufsicht und nicht mehr um die Kinder.

Obige Aufstellung zeigt also erst einmal ein Abbild des gegenwärtigen Zustands. Wegen ihrer Einfachheit führt eine solche Darstellung viel schneller zu einer emotionalen Reaktion
oder Betroffenheit als großartige PowerPoint-Präsentationen.

Aber Aufstellungen zeigen auf der gleichen bildhaften
Ebene auch mögliche Schritte zu einer Verbesserung der Situation:

*Die erste Intervention ist das Umstellen der Stellvertreter.*
*Seite an Seite, in einem kleinen Halbkreis, werden Verwal-*
*tung, Ärzte und Pflegepersonal gestellt. Ihnen gegenüber*
*stehen die Patienten, sodass alle sie sehen können.*

*Dieses Bild bringt Entspannung zwischen den einzelnen Abteilungen im Krankenhaus, auch wenn unterschwellig noch leichte Unzufriedenheit ausgedrückt wird. Alle erleben es als erleichternd, jetzt endlich zu den Patienten zu schauen. Diesen geht es mit dieser neuen Anordnung viel besser.*

Was ist der Nutzen dieses Bildes? Denn Handlungsanweisungen sind darin nicht enthalten. Doch Bilder haben eine große Kraft. Sie richten sich nicht an die analytische linke Seite des Gehirns, die zergliedert, aufteilt und plant. Bilder erreichen unmittelbar die rechte, eher ganzheitlich arbeitende Seite des Gehirns. Sie vermitteln eine Botschaft wie eine Geschichte. Wenn eine solche Botschaft angenommen wird, wirkt sie so auf die Beteiligten, dass sie sich wie von allein in eine Richtung bewegen, die ihnen das Bild gezeigt hat.

Allerdings besteht immer noch Unzufriedenheit zwischen den einzelnen Gruppen. Auch hier gibt es Interventionen, die eine spannungsfreiere Zusammenarbeit unterstützen können.

*Die stärkste Spannung besteht zwischen Ärzten und Pflegepersonal. Beide Stellvertreter werden jetzt gegenübergestellt, sodass sie sich direkt sehen können. Der Vorschlag geht ans Pflegepersonal, den Ärzten zu sagen: »Ihr seid die Ärzte und wir sind das Pflegepersonal. Wir arbeiten beide zusammen für die Gesundheit der Patienten. Wir achten Euren Beitrag dazu.« Das Aussprechen dieser Sätze tut beiden Gruppen gut.*
*Jetzt geht der Vorschlag auch an die Ärzte, umgekehrt dem Pflegepersonal zu sagen: »Wir arbeiten beide zusammen für die Gesundheit der Patienten. Wir achten Euren Beitrag dazu.« Dieser Satz wird zwar nachgesprochen, aber er klingt nicht überzeugend. Der Stellvertreter des Pflegepersonals äußert, er habe nicht das Gefühl, dass der Satz ehrlich gemeint sei.*

An dieser Stelle setzt ein großes Raunen unter den Teilnehmern des Workshops ein. Das, was sich gerade in der Aufstellung abgespielt hat, trifft den wunden Punkt. Damit hat die Aufstellung schon fast ihren eigentlichen Dienst getan.

Im Workshop treffen sich jetzt die einzelnen Gruppen unter sich, um sich klar zu werden, was das Gesehene für sie bedeutet, wo sie zustimmen können oder wo sie anderer Ansicht sind. Anschließend wird in der Gesamtgruppe das Erarbeitete ausgetauscht. Gemeinsam werden Überlegungen diskutiert, welche Schlussfolgerungen daraus zu ziehen sind und wie diese konkret die zukünftige Zusammenarbeit verbessern können.

Es gibt viele Möglichkeiten, Aufstellungen für Unternehmen zu nutzen. Teams bekommen Hindernisse einer guten Zusammenarbeit in den Blick und erkennen, was die Zusammenarbeit fördert. Aufstellungen helfen dabei, Veränderungsprozesse umzusetzen und Widerstände aufzulösen. Aber auch zukünftige Strategien lassen sich mit den verantwortlichen Teams und Entscheidern in einem Aufstellungs-Workshop planen. Aufstellungen geben dann Antworten zu folgenden Fragen: Was hindert uns daran, im Markt Fuß zu fassen? Was braucht unser Team, um das Projekt erfolgreich zu entwickeln? Welche Marketingkampagnen erreichen unsere zukünftigen Kunden? Wie können wir das neu akquirierte Unternehmen besser integrieren? Wo sind unsere blinden Flecken?

Bei diesen und anderen Fragen bringen Aufstellungen oft neue Aspekte, unerwartete Antworten und überraschende Einsichten. Durch meine bisherige Aufstellungsarbeit in allen fünf Kontinenten sehe ich besonders die Möglichkeiten, mit ihrer Hilfe internationale Kooperationen zu fördern und mentale Unterschiede zu berücksichtigen.

# Aufstellungen von Begriffen
## oder wen die
## Fernsehkamera vertritt

Die Methode der Aufstellung verblüfft immer wieder aufs Neue. Denn mit ihr wird ein Wissen an die Oberfläche geholt, das vorher verborgen war. Besonders eindrücklich wird das vor Augen geführt, wenn Objekte oder abstrakte Begriffe durch Stellvertreter repräsentiert und aufgestellt werden.

*Herr Bast ist als Fachmann für wirtschaftliche Entwicklung zum Interview in eine bekannte Fernsehsendung eingeladen worden. Er fühlt sich extrem nervös, zumal er schon eine negative Erfahrung in einer vorherigen, seiner ersten Fernsehsendung gemacht hatte. Dort war er eine Stunde lang nicht aus seiner Anspannung herausgekommen.*

Eine Aufstellung bringt dann Hintergründe ans Licht, wenn die wesentlichen Elemente einer Situation stellvertreten werden. Das sind hier der Klient und als Auslöser der Nervosität die Fernsehkamera. Ein menschlicher Stellvertreter für eine Fernsehkamera? Ist das nicht absurd?

Nicht unbedingt. Denn wenn Herr Bast vor der Fernsehkamera nervös wird, dann ist das grundsätzlich genauso absurd. Ein Außerirdischer, den es in das Studio verschlagen würde, wäre sehr erstaunt, warum ein solcher fahrbarer, viereckiger Kasten plötzlich Nervosität auslöst, wenn ein rotes Licht aufleuchtet.

Es ist offensichtlich nicht die Kamera als solche, sondern die Vorstellungen und Ideen, die dadurch ausgelöst werden oder damit verknüpft sind. Mir am passendsten scheint als offene Beschreibung das Wort »Energie«. Es verbinden sich also bestimmte Energien mit dem Objekt. Es sind diese Energien, die die Stellvertreter wahrnehmen.

*In der Aufstellung stehen sich der Stellvertreter der Kamera und der von Herrn Bast in etwa zwei Metern Entfernung gegenüber. Die Kamera fühlt sich relativ neutral, aber grundsätzlich interessiert. Herr Bast fühlt sich nicht wie vor einer Kamera, sondern wie vor einer Person stehend, deren Aufmerksamkeit er will. Er empfindet sich als sehr klein, wie ein Kind. Plötzlich meint er: »Das ist meine Mutter.«*

Wie kann jemand eine Fernsehkamera mit seiner Mutter verwechseln? Aber wir stoßen hier wieder auf Themen, die schon in den vorhergegangen Kapiteln auftauchten. Im Grunde sind es immer die gleichen wesentlichen Lebensthemen, die Menschen beschäftigen. Es sind gar nicht so viele verschiedene.

Das eigentliche Thema ist Aufmerksamkeit, die Herr Bast erhält und erhalten will. Da steckt in ihm noch das Kind, das nach der Aufmerksamkeit der Mutter hungert. Offensichtlich hat er nicht genug davon bekommen und trägt dieses alte ungestillte Bedürfnis weiter mit sich herum. Aus einem solchen Bedürfnis entsteht eine unbewusste Suche danach, diese alte Wunde zu heilen. Wer von einer Fernsehkamera in einer Sendung aufgenommen wird, den sehen in diesem Moment vielleicht gleichzeitig Millionen von Zuschauern. Mehr Aufmerksamkeit zu erhalten, wird kaum möglich sein! Eigentlich doch eine ideale Situation? Das müsste die Heilung sein!

Der Stress kommt daher, weil es eben nicht die ursprüngliche Situation mehr ist. Das weiß der Erwachsene in Herrn Bast auch und aus diesem inneren Zwiespalt entsteht seine Spannung.

Seine Kindheit ist vorbei. Die Zuschauer der Sendung haben kein Interesse an einem nach Aufmerksamkeit hungernden Kind, das nur wissen will: »Findet ihr mich gut? Bin ich toll?« Sie wollen einen Fachmann für wirtschaftliche Entwicklung als Experten in der Sendung erleben. Er soll ihr Wissen mehren und ihr Verständnis erweitern – nichts anderes.

An seiner persönlichen Kindheitssituation sind sie nicht interessiert.

Diese Erkenntnis brachte Herrn Bast auf einfache Art schon die Lösung. Zunächst half ihm die Erkenntnis, welches alte Thema hier maskiert aufgeblitzt war. Dadurch wurde ihm klar, dass die Sendung nicht der richtige Ort war, um alte Kindheitstraumata aufzulösen. Wenn er das wollte, müsste er sich ausführlicher in einem anderen Setting damit befassen. In der Sendung war er nur als Fachmann gefragt. Das löste seinen extremen Stress.

Nach der Sendung berichtete er, dass er vor Beginn leichtes Lampenfieber hatte, das aber dann verschwand. Er war konzentriert auf seine Rolle und versuchte als Fachmann sein Wissen für die Zuschauer aufzubereiten. Das Feedback, das er anschließend für seinen Auftritt bekam, war gut. »Eigentlich war es viel normaler, als ich gedacht hatte«, war sein abschließendes Urteil.

Manchmal kann es auch sinnvoll sein, ein bestimmtes, besonders wichtiges Gefühl aufzustellen. Noch ein weiteres Beispiel, um das, was geschieht, zu verdeutlichen.

*Frau Schneider hat immer wieder Angstanfälle in der Öffentlichkeit. Die erlebt sie als so heftig, dass sie inzwischen gar nicht mehr unter Leute geht.*

*In der Aufstellung steht die Angst hinter ihrer Stellvertreterin, die in die entgegengesetzte Richtung schaut. Sie scheut sich zunächst, sich umzudrehen. Als ich sie dazu ermuntere, dreht sie sich langsam und vorsichtig um. Die Angst fühlt sich ihr gegenüber neutral. Die Klientin möchte mehr räumliche Distanz, geht ein paar Schritte zurück und entspannt sich. Dann verneigt sie sich vor der Angst und sagt zu ihr: »Ich achte dich. Du gehörst mit dazu.« Die Angst fühlt sich angenommen und wird freundlicher. Die Klientin kann sie jetzt gut anschauen und an ihrem Platz lassen.*

Frau Schneider, die dieser Aufstellung aufmerksam folgt, entdeckt dabei wichtige neue Möglichkeiten. Wenn man etwas ausweicht, ändert sich die Situation dadurch nicht grundlegend. Besser ist es, das anzuschauen, was man als bedrohlich erlebt. Und dazu ist ein passender Abstand wichtig. Was zu nah ist, überfordert oft.

Dazu kommt: Alle Gefühle, die ein Mensch hat, gehören zu ihm. Wenn er ein Gefühl nicht haben will, speziell die Angst, stärkt er das Gefühl oft damit noch. Wer seine Angst nicht haben will, kommt in einen Teufelskreis. Er bekommt Angst vor der Angst und bleibt schließlich endgültig in diesem Gefühl verheddert. Akzeptiert er stattdessen das Gefühl, nimmt es an Intensität ab. Es nimmt weniger Raum ein.

Diese Aufstellung brachte noch nicht die endgültige Lösung für Frau Schneider, aber im Nachhinein bezeichnete sie sie als einen wichtigen Schritt auf dem Weg, sich wieder angstfrei in der Öffentlichkeit zu bewegen.

In den Aufstellungen von Gefühlen, Begriffen und Objekten tauchen nicht immer, aber manchmal, auch familiäre Themen und Mitglieder der Familie auf. Wenn dies im Rahmen von Seminaren eines Unternehmens geschieht, ist es sinnvoll, solche Inhalte anschließend in einem geschützteren Rahmen privat zu bearbeiten.

# Strukturaufstellungen oder wie eine gute Entscheidung zu treffen ist

Es gibt viele Anliegen und Wünsche, bei denen kein unmittelbarer Zusammenhang mit der Familie besteht. Da will jemand regelmäßig Sport treiben, findet aber nicht die nötige Zeit dafür. Hier ist ein spontaner Rückgriff auf Vater oder Mutter verfehlt. Nicht alles muss mit der familiären Brille betrachtet werden!

Insbesondere Matthias Varga von Kibed und Insa Sparrer entwickelten vielfältige Formen von Aufstellungen, die sie als »Systemische Strukturaufstellungen« bezeichnen.

Ein Problem wird in seiner Struktur aufgeteilt und die einzelnen Teile werden durch Stellvertreter aufgestellt. Die Stellvertreter haben Wahrnehmungen, Gefühle, spüren Beziehungen zu anderen Stellvertretern, wie in jeder anderen Aufstellung auch, und zeigen so unvermutete Zusammenhänge. Der Vorteil solcher Aufstellungen ist, dass die private Sphäre der Familie nicht oder nicht direkt berührt wird. Insbesondere in einem beruflichen Kontext ist diese Form sehr nützlich.

Im Grunde verstehen sich auch die Aufstellungen des vorangegangenen Abschnitts schon als Strukturaufstellungen. Aber von Kibed und Sparrer »erfanden« vielfältige, komplexere neue Formen, die von Aufstellungen einzelner Worte in wichtigen Überzeugungen über Zielaufstellungen bis zu Entscheidungsaufstellungen reichen. Es ist wie eine ganz eigene Welt von Aufstellungen. Ein Beispiel:

*Herr Schweizer ist seit 10 Jahren als Managementtrainer selbstständig. Bei einem seiner Hauptkunden hat er eine Seminarreihe so erfolgreich durchgeführt, dass dieser ihm das Angebot macht, ihn als Trainer fest anzustellen. Diese Entscheidung quält ihn sehr. Auf der einen Seite liebt er seine Freiheit und Unabhängigkeit, auf der anderen Seite locken ihn die Sicherheit und auch das Eingebundensein in einen kollegialen Rahmen. Denn das Einzelkämpferdasein erlebt er manchmal als recht einsam.*

Für Entscheidungen haben Sparrer und von Kibed die sogenannte Tetralemma-Aufstellung entwickelt, bei der es vier Kernelemente oder Positionen gibt: »das Eine«, »das Andere«,

»Beides« und »Keines von Beidem«. Ein fünftes zusätzliches Element heißt »Und auch dies nicht«. Dazu kommt ein Stellvertreter für den Klienten.

Das Besondere an dieser Form der Aufstellung ist, dass die vier Positionen im Quadrat als feste Positionen aufgestellt werden. So stehen sie ausgewogen und zueinander gleichberechtigt. »Das Eine« und »das Andere« sind die Gegenpositionen, das aktuelle Dilemma. Für Herrn Schweizer gibt es die eine Möglichkeit, weiter selbstständig zu bleiben oder die entgegengesetzt andere Möglichkeit, die angebotene Stelle als Trainer anzunehmen.

Die dritte Position ist »Beides«. Das bedeutet eine neue Lösung, bei der die Vorteile der ersten beiden Positionen sich zu etwas Neuem verbinden. Die Vorteile sind die Selbstständigkeit und die Sicherheit und die Zusammenarbeit mit Kollegen. »Beides« ist die Alternative, bei der das scheinbar Gegensätzliche unter einem Hut zusammenkommt.

Die vierte Position ist »Keines von Beidem«. Bei jedem Dilemma gibt es auch eine Möglichkeit, sich von beidem zu verabschieden und etwas ganz Neues zu finden. Die Frau von Herrn Schweizer z. B. leitet ein Kinderheim, sodass er auch dort einsteigen könnte – was ihm bisher allerdings noch nie in den Sinn gekommen war.

Schließlich gibt es noch das fünfte Element, »Und auch dies nicht«, das noch einmal den bisherigen Rahmen ganz verlässt und völlig neue Möglichkeiten eröffnet. Hier haben Kreativität, ja sogar ganz verrückte Ideen ihren Platz. Humor ist manchmal eine dieser Möglichkeiten. Es ist ein »freies Element«, dessen Stellvertreter in der Aufstellung den Platz nach den eigenen Impulsen verändern kann.

Es braucht allerdings vor der Aufstellung keine inhaltliche Diskussion oder Erörterung, was alles in den unterschiedlichen Positionen enthalten ist. Herr Schweizer benennt die Stellvertreter nur, gibt ihnen einen Platz im Raum und hört dann zu, was sie äußern.

*Herr Schweizer stellt die vier Positionen in der Form des*
*Quadrats auf. Das Eine steht gegenüber dem Anderen.*
*Genauso gegenüber stehen sich Beides und Keines von*
*Beidem.*
*Sein Stellvertreter (in der Folge als »Herr Schweizer«*
*bezeichnet) steht vor dem Einen. Herr Schweizer ist nur an*
*dem Einen interessiert, das sich ihm gegenüber sehr wohl-*
*wollend fühlt. Das Andere ist etwas ärgerlich, weil es nicht*
*gesehen wird. Beides und Keines von Beidem fühlen sich*
*neutral. »Und auch dies nicht« ist sehr lebendig, geht nach*
*vorne und stellt sich neben das Eine.*
*Die Intervention besteht darin, dass Herr Schweizer ein*
*Stück zurücktritt und jetzt in Ruhe alle Positionen an-*
*schaut. Beides kommt ihm plötzlich interessant vor, vor*
*allem aber zieht ihn »Und auch dies nicht« an. Die*
*wesentlichen Schritte sind damit schon geschehen. Die*
*Aufstellung wird beendet.*

Was für jeden Klienten, der aufstellt, wichtig ist zu wissen:
Aufstellungen sind keine Handlungsanweisungen. Jemand
kann in der Aufstellung sehen, wie sich eine Lösung entwickelt und darstellt – und trotzdem muss er ihr nicht folgen.
Manchmal machen Klienten das Gegenteil von dem, was sie
in der Aufstellung gesehen haben – und fahren gut damit.

Aufstellungen dienen dazu, den Horizont zu erweitern.
Sie zeigen Möglichkeiten auf und verändern dadurch die Sicht
auf die Situation. Mit dem neuen Verständnis werden dann
Lösungen entwickelt oder Entscheidungen getroffen.

Drei Monate nach der Aufstellung berichtet Herr Schweizer, was sich weiter ergeben hat. Er hat sich noch einmal mit
den Verantwortlichen des Unternehmens zusammengesetzt
und über seine Möglichkeiten dort verhandelt. Ihm wird die
Verantwortung übertragen, neue Trainingsmethoden und -
ansätze für das Unternehmen aufzubereiten und zu implan-

tieren. In einem halben Jahr wird er die Stelle dort antreten. Im Moment ist er dabei, seine letzten Aufträge als Selbstständiger abzuwickeln. Bald, noch vor Antritt der neuen Stelle, wird er drei Monate lang durch die Welt reisen, ein uralter Traum von ihm, zu dem er bisher nie die Zeit gefunden hatte.

## Aufstellungen als Forschungsinstrument oder wie Globalisierung anschaulich wird

In vielen, ganz unterschiedlichen Feldern experimentiert man heute mit Aufstellungen. Ein Unternehmensberater stellt die Beratungssituation zuhause mithilfe eines Teams von Stellvertretern nach. Gemeinsam mit seinem Team sucht er eine gute Ordnung und Lösung. Mit diesem Zielbild im Kopf geht er dann in seine Beratung und lässt sich ein Stück weit von diesem Bild leiten.

Aber es gibt noch mehr: Tierärzte machen Aufstellungen zu ihren tierischen Patienten, Homöopathen stellen ihre Arzneimittel auf, Schauspieler lernen durch Aufstellungen, sich besser in ihre Rolle einzufühlen und Marketingleiter entwickeln Werbekampagnen mittels Aufstellungen. So berichtet die Zeitschrift »Psychologie heute« 2007 ausführlich in einem Beitrag über die Aufstellung von Drehbüchern. Besonders eindrucksvoll ist die Tatsache, dass der 2007 mit einem Oskar preisgekrönte Film »Das Leben der Anderen« durch solche Drehbuchaufstellungen unterstützt wurde.

Der Nutzen von Aufstellungen für alle möglichen, aber insbesondere für politische und wirtschaftliche Themen ist bei Weitem noch nicht ausgeschöpft. Das Zeitalter der Globalisierung konfrontiert mit Themen aus der Geschichte, die schon fast vergessen waren. Der Apfelfaktor, die Loyalität, existiert auch in anderen Kulturen. Die gleichen Verbindungen, die in deutschen Familien gelten, erlebe ich genauso in meinen Aufstellungsseminaren in anderen Ländern. Deshalb sind Ausbeutung, Unterdrückung und Demütigungen durch Eroberungen und Kolonialisierung in den vergangenen Jahrhunderten auch heute noch lebendig.

In Zeiten der Globalisierung treffen überall Nachkommen der Täter auf Nachkommen der Opfer, z. B. wenn der deutsche Mittelständler nach China reist, um dort Geschäfte zu machen. Hässliche Teile der Geschichte des eigenen Volkes und der weißen Rasse sollen doch – bitteschön! – endlich in der Vergangenheit ruhen! Im Westen werden solche Erinnerungen gern verdrängt. Das kann sich dann in einer Naivität ausdrücken, die unangemessen, ja gefährlich für den Erfolg wirtschaftlicher Kooperation ist. Denn diejenigen, deren Vorfahren die Leidtragenden waren, vergessen nicht so schnell. Nur wer sich in fremden Kulturen auch dieser Vergangenheit bewusst ist, findet die angemessene Haltung und in heiklen Situationen die richtigen Worte.

Aufstellungen erlebe ich als eine Art Forschungsinstrument, mit dem tiefer liegende Dynamiken ans Licht kommen. Als Beispiel möchte ich eine Aufstellung beschreiben, die ich 2007 in Italien aus Forschungsinteresse – ohne Anliegen und Klient – zum Thema Globalisierung durchführte. Solche und ähnliche Aufstellungen leben davon, dass die wesentlichen Elemente durch Stellvertreter aufgestellt werden. Aber was sind die wesentlichen Elemente? Hier spielen dann Weltanschauungen, Theorien und praktische Lebenserfahrung eine entscheidende Rolle. Wahrscheinlich wird jeder Leiter oder jede Gruppe sich für andere Grundlagen und Elemente entscheiden.

Globalisierung ist als Thema überwältigend. Holzschnittartig suchte ich nach einer Darstellung bestimmter Elemente.

Für einen nationalen wirtschaftlichen Kreislauf nahm ich einen italienischen Bäcker, einen italienischen Schneider und einen italienischen Therapeuten, die ich in einem kleinen Dreieck aufstellte. Daneben stellte ich als kleine Gruppe einen chinesischen Bauern noch auf dem Land, eine chinesische Schneiderin und einen chinesischen Händler auf.

Den nationalen Kreislauf ließ ich mehr wie im Theaterstück darstellen. Der Bäcker hat Probleme, geht zum Therapeuten, bezahlt ihn. Mit dem Geld kauft der Therapeut Kleider. Und der Schneider kauft mit diesem Geld wieder Brot vom Bäcker.

Dann kam das Besondere, was Aufstellungen ausmacht, nämlich unmittelbare, spontane Reaktionen und Beziehungen der Stellvertreter zueinander.

Das erste Erstaunliche war die unaufgeforderte Aussage des chinesischen Bauern: »Ich habe alles, was ich hier auf dem Land brauche. Ich bin zufrieden. Und doch zieht mich etwas Unwiderstehliches in die Stadt.« Es war, als ob größere Kräfte hinter solchen individuellen Entscheidungen stehen, die zu einer kollektiven Landflucht führen.

Der italienische Schneider fühlte Sympathie für seine chinesische Schneiderkollegin. Überraschend war deren Reaktion: Ärger auf ihn. Ich ließ meine Vermutung in einen Satz fassen, der als stimmig angenommen wurde: »Ich bin verbunden mit den Vorfahren hinter mir, die gedemütigt wurden.«

Dieser Teil der Aufstellung wurde zum Auslöser einer sehr fruchtbaren Diskussion. Eine Teilnehmerin, die in ihrer Arbeit afrikanische Flüchtlinge betreute, meinte, sie habe plötzlich besser verstanden, warum diese Flüchtlinge fast kommen müssten. Sie erlebe dahinter die gleiche Kraft wie bei den chinesischen Bauern. Bislang habe sie sich irgendwie immer unwillig und etwas ärgerlich mit ihnen gefühlt.

Sichtbar wurde so, dass das Vorgehen der westlichen Eroberer in den betroffenen Ländern noch sehr wohl erinnert wird – obschon von uns weißen Westlern lieber vergessen und verdrängt. Es sind nicht die Erinnerungen, die Historiker in Geschichtsbüchern festhalten, sondern mehr Stimmungen und Schwingungen, die unsichtbare Botschafter aus der Vergangenheit sind.

*Schließlich versuchte ich – zunächst mehr als Rollenspiel – Dynamiken, die sich heute abspielen, darzustellen. Ich wies den chinesischen Händler an, dem italienischen Bäcker ein Kleidungsstück anzubieten: »Das ist billiger als das vom italienischen Schneider.« Der Bäcker geriet sichtlich in Stress und in einen inneren Zwiespalt. Auf der einen Seite wollte er das Angebot annehmen, auf der anderen hatte er wegen seines Wunsches ein schlechtes Gewissen. Schließlich fiel ihm etwas ein, was ihn zunächst erlöste: »Aber unsere Qualität ist besser.« Ich ließ daraufhin den chinesischen Händler antworten: »Ja, am Anfang war unsere Qualität schlechter. Aber inzwischen ist sie fast so gut. Und es ist viel billiger!« Erneut geriet der Bäcker in Konflikte – und diesmal entschloss er sich zum Kauf des in China produzierten Kleidungsstücks.*

Einen intensiven Meinungsaustausch erzeugte die simplifizierte Darstellung, wie die heimische Wirtschaft durch den Verbraucher zerstört wird, weil etwas »günstig« angeboten wird. Nicht umsonst ist in Deutschland der Werbespruch »Geiz ist geil« so populär geworden.

Geiz oder Gier tauchten auf als Kräfte, die gewachsene Strukturen zerstören und damit Raum für Neues schaffen. Die Gier des Einzelnen verbindet sich mit der von vielen anderen und daraus entsteht eine enorme, fast überpersönliche Kraft. Das ist vergleichbar damit, wie Krieg entsteht, wenn sich zu bestimmten Zeiten die Aggression des Einzelnen mit der von vielen anderen verbindet.

Ursprünglich waren die westlichen Eroberer in die exotischen Länder gefahren und zerstörten dort mit ihrer Gier die gewachsenen Strukturen und die ursprüngliche Gesellschaft. Jetzt zerstört die Gier (»Schnäppchen!«) die bisherigen Strukturen der einheimischen Gesellschaft.

Die Gier bekommt in dieser Aufstellung etwas Unpersönliches. Wertungen wie »gut« und »schlecht« erscheinen nicht mehr angemessen, sondern wirken eher hilflos. Mit einer bloßen Beurteilung, was jemand davon hält, werden diese Kräfte nicht verstanden. Mittels der Kraft ihrer Bilder rufen Aufstellungen solche Einsichten in den Betrachtern hervor.

## Aufstellungen im Coaching und in der Einzelberatung

Aufstellungen lassen sich so abwandeln, dass sie mit ihrem wesentlichen Kern auch im Zweiersetting im Rahmen von Coaching, Beratung oder Therapie durchgeführt werden können. Gerade wenn es um berufliche Themen geht, mit denen sich Familiäres mischt, ist ein geschützter Raum von Bedeutung. Seminare sind da manchmal nicht geeignet. Denn private Informationen sollen nicht bis zum Arbeitsplatz oder zu den Kollegen dringen.

Nicht verschwiegen werden sollen gleichzeitig die Vorteile von Aufstellungsseminaren. Stellvertreter machen die Dynamiken plastischer und deutlicher. Die Aufstellungen der anderen Teilnehmer beleuchten immer wieder auch eigene wichtige Thematiken und ergänzen die eigene Aufstellung. Darüber hinaus erweitert die Erfahrung, sich als Stellvertreter in das Leben eines anderen einzufühlen, den eigenen Horizont. Wer wegen der Probleme mit seinem Chef zur Aufstellung kommt und dann bei einer anderen Aufstellung selbst den Platz des Vorgesetzten als Stellvertreter einnimmt, ist manchmal verblüfft von der anderen Perspektive und gewinnt zusätzliche Einsichten auch für sein eigenes Thema.

Erfahrenen Coaches und Beratern gelingt es allerdings, die wesentlichen Vorteile von Aufstellungen auch im Zweiersetting zu verwirklichen. Grundsätzlich gibt es drei verschiedene Möglichkeiten, die zu zweit genutzt werden können: die Aufstellung mit Figuren, die Aufstellung im Raum mit verschiedenen Plätzen und die Aufstellung in der Vorstellung.

⟶  Die Aufstellung mit Figuren

Jeder Konflikt, jedes Problem lässt sich mit Figuren oder anderen Symbolen auf einem Tisch aufstellen. Holzfiguren eignen sich gut dafür, die es inzwischen schon im Set, z. B. als »Inszeno-Kasten«, auf dem Markt gibt. Gerade komplexe Situationen mit vielen Beteiligten, wie sie im Wirtschaftsleben immer wieder auftreten, lassen sich so transparent machen.

Aber es ist auch eine Form, einen Überblick und Zugang zu Dynamiken in der Familie zu gewinnen. Das Verwenden von Figuren erlaubt eine Bestandsaufnahme, und durch räumliche Änderungen können Beziehungen erforscht werden.

Wer etwas mehr von seinem Verhältnis mit seinem Chef erfahren will, braucht nur das Salzfass für sich selbst zu nehmen und den Pfefferstreuer für den Vorgesetzten. Beides stellt er dann vor sich auf den Tisch. Wichtig ist allein, wo das Gesicht ist, damit die Blickrichtung deutlich wird und klar ist, in welche Richtung beide schauen.

Wer jetzt aufmerksam auf beide Figuren schaut, der spürt etwas von dem Verhältnis, das zwischen diesen beiden Personen besteht. Vor allem wird es ihm deutlich, wenn er Veränderungen vornimmt. Was ist anders, wenn er näher an den Chef rückt, was, wenn er die Figur weiter wegstellt? Auch die Blickrichtungen spielen eine große Rolle. Schauen sich beide an? Sehen sich beide wirklich? Oder liegt etwas von einer Verwechslung in der Luft? Dann ist es gut, eine weitere Figur hinzuzunehmen, die die Person darstellt, die eigentlich – auch – gemeint ist.

Erstaunlich ist auch hier, wie schnell es zur Identifikation mit solchen Figuren kommt.

*Im Coaching kommt zu mir ein sehr engagierter Manager, der eine neue Stelle antritt. Die erste Stunde beschäftigt er sich nur mit seinen Visionen und Zukunftsplänen an seiner neuen Stelle. Ich bitte ihn, mit drei Figuren die alte Firma, sich selbst und das neue Unternehmen aufzustellen. Seine Figur schaut nach vorne zum neuen Unternehmen, das alte steht in einem kleinen Abstand hinter ihm.*
*Jetzt drehe ich seine Figur um, sodass sie zum alten Unternehmen schaut. Sofort ändert sich seine Stimmung.*
*Er fängt an davon zu reden, wie weh es ihm auch tut, all das aufzugeben, was er aufgebaut hat, und wie sehr es ihn schmerzt, die alten Kollegen zu verlassen, zu denen teilweise fast freundschaftliche Beziehungen entstanden sind.*

Die Arbeit mit Figuren ist sehr frei und wirkt schon durch einfache Veränderungen. »Wie wäre es denn, wenn neben dem Chef dein Vater stünde?« Und der Coach stellt die Figur probeweise an den Platz. Behutsam lassen sich so Anregungen geben, bei denen es dem Klienten freisteht, sie anzunehmen. Lehnt er etwas ab, kann nach einer besseren Form gesucht werden.

Wer als Coach oder Berater Erfahrungen mit Aufstellungen, ihren Ordnungen und Gesetzmäßigkeiten hat, lässt sein Wissen ganz unauffällig einfließen. Erfahrungen von Aufstellungen werden so in die Einzelberatung integriert. Er kann sich immer wieder in eine Figur hineinfühlen und auch den Klienten dazu befragen. »Wie ginge es Ihnen denn auf diesem

Platz? Mir ginge es so, dass ich mich abgeschnitten fühlte.« Es können auch Sätze auf behutsame Art vorgeschlagen werden und die Wirkung unmittelbar auf den Klienten beobachtet werden. »Stellen Sie sich einmal vor, Ihr Vater würde Ihnen sagen: ›Was ich im Krieg erlebt habe, ist mein Schicksal und ich trage es.‹ Wie wäre das für Sie?«

Der Klient macht so eigene Erfahrung mit der Wirkung von Sätzen und der Veränderung von Plätzen. In gewisser Weise ist diese Arbeit spielerischer. Selbst Kinder können so unbefangen und sehr klar stellen. Gleichzeitig hat dieses Vorgehen oft eine erstaunliche und tiefe Wirkung.

➡  Die Aufstellung im Raum mit verschiedenen Plätzen

Diese Form ist der Arbeit mit Stellvertretern ein Stück näher. Im Raum werden die Plätze markiert, an denen die einzelnen Personen der Aufstellung stehen würden.

Wenn der Klient das schwierige Verhältnis zu seinem Vorgesetzten mithilfe einer Aufstellung näher betrachten will, dann kommt als erstes die Aufforderung: »Führen Sie mich doch einmal an den Platz, an dem Sie sich Ihren Vorgesetzten vorstellen. Wir markieren den Platz dann mit einem Blatt Papier, auf dem »Chef« steht. Und dann führen Sie mich an den Platz, auf dem Sie im Verhältnis zu Ihrem Chef stehen. Den markieren wir dann auch mit einem Blatt Papier, auf dem Ihr Name steht.«

Nachdem das geschehen ist, liegen zwei Blatt Papier im Raum als Markierung der Positionen. Jetzt stellt sich der Klient als erstes an den eigenen Platz und teilt mit, wie es ihm hier im Verhältnis zum Vorgesetzten geht. Dann geht er an dessen Platz und nimmt wieder alle Empfindungen wahr und teilt sie mit. Dann geht der Coach ebenfalls beide Plätze ab und berichtet, wie es ihm geht und was er wahrnimmt. Je geschulter er ist, desto mehr oder eindeutiger wird er Wahrnehmungen mitteilen können.

Das weitere Vorgehen entspricht dem in einer Aufstellung

mit Stellvertretern, nur dass die Plätze immer entweder vom Leiter oder vom Klienten eingenommen werden. So könnte der Coach den Klienten bitten, sich auf den Platz des Chefs zu stellen. Er selbst geht in die Rolle des Klienten und sagt zum Vorgesetzten: »Ich halte Sie als Vorgesetzten für unfähig.« Dann verlässt er den Platz des Klienten, geht wieder in die Rolle als Coach zurück und fragt den Klienten: »Wie geht es Ihnen als Chef, wenn Sie das so klar hören?« Dann geht auch der Klient aus der Chefrolle und es ist wieder Zeit für eine gemeinsame Reflexionsphase.

So kann das zwischen den Rollen hin und her gehen, wobei auch die lösenden Sätze ausprobiert werden. Der Klient spricht sie entweder selbst oder hört sie. In jedem Fall achtet er darauf, welche Wirkungen sie auf ihn haben.

Dieses Vorgehen eignet sich nur für das Aufstellen von vielleicht drei oder vier Personen. Sonst kann es zur Überforderung werden, zwischen diesen Rollen zu wechseln. Deshalb ist es wichtig, mit dem konkreten Thema und dem Minimum an Personen oder Begriffen zu arbeiten. Komplexe Themen werden in Unterthemen aufgeteilt.

Natürlich erfordert das viel Flexibilität, Einfühlungsvermögen und Erfahrung vom Coach, um schnell von Rolle zu Rolle springen. Daneben ist vor allem wichtig, dass er zwischen Aussagen einer Person, die er an einem Platz vertritt, und zwischen seiner Rolle als Coach klar unterscheidet. Beide Rollen sind deutlich zu trennen. Er muss vor allem räumlich trennen und strikt darauf achten, den Platz einer Person zu verlassen, wenn er Anregungen oder Kommentare als Leiter gibt. Sonst entsteht ein heilloses Durcheinander!

Viele Dynamiken und Konflikte können auch mit dieser Form der Aufstellung im Raum angegangen werden. Für den Klienten hat dieses Arrangement den großen Vorteil, dass er einer Person gegenübersteht und nicht nur einen leeren Platz oder eine Figur sieht, die er mit seiner Vorstellungskraft entstehen lässt.

Die Aufstellung in der Vorstellung

Ein dritter, gleichwertiger Weg in der Einzelarbeit sind Aufstellungen in der Vorstellung. In einigen Falldarstellungen waren dafür schon Beispiele zu finden. Die einzelnen Personen tauchen dabei in der Vorstellung auf. Wer als Coach Erfahrung mit der Arbeit mit inneren Bildern hat, dem fällt es leicht, sie auch für Inhalte zu nutzen, die der Aufstellungsarbeit entstammen.

In dieser Form würde das Thema des schwierigen Verhältnisses mit dem Vorgesetzten dann folgendermaßen angegangen: Der Coach schlägt dem Klienten vor, die Augen zu schließen, auf den Atem zu achten und sich ein klein wenig zu entspannen. Dann fährt er fort: »Und jetzt lassen Sie einmal das Bild von Ihrem Vorgesetzten vor dem inneren Auge auftauchen. Wie schaut er Sie an? Und wie geht es Ihnen dabei? Was ist, wenn Sie ein Stückchen weiter weggehen und einen guten Abstand finden?«

Auch in der Vorstellung können Vorgehensweisen der Aufstellungen genutzt werden. »Stellen Sie sich vor, Sie sagen Ihrem Chef: ›Ich respektiere und achte Ihre Arbeit.‹ Wie geht es Ihnen bei diesen Worten?« Auf diese Weise werden Hand in Hand mit Klienten Wege zu einer Lösung entwickelt.

Der Coach beobachtet ihn dabei aufmerksam und kann schon an dessen Atem und Mienenspiel erkennen, welche der Fragen und Anregungen wichtig sind, bei welchen er sich Zeit lässt oder nachfragt.

Aber Aufstellungen in der Vorstellung sind selbst ohne persönlichen Kontakt möglich. Einer meiner Klienten war beruflich in Indien tätig. Er war bei einem Besuch in Deutschland zu zwei Coachingterminen gekommen, um Perspektiven für seine berufliche Zukunft zu entwickeln. Bei einem davon führten wir eine Aufstellung mit Figuren durch, bei der auch familiäre Themen berührt wurden. Als er wieder in Indien war, kamen ihm nach einiger Zeit noch weitere Fragen zu dem Verhältnis zu seinem Vater. In einem Telefontermin von einer

Stunde kam es zu einer zweiten Aufstellung von sich und seinem Vater in der Vorstellung. Das war für mich die erste Aufstellungsarbeit am Telefon, aber es gelang – auch zu meiner Überraschung – erstaunlich gut.

Manchmal berichten Klienten zu Beginn einer solchen Arbeit, sie könnten keine inneren Bilder sehen. Meine Erfahrung damit ist, dass die meisten Menschen, wenn kein Druck auf sie ausgeübt wird, solche Vorstellungen entwickeln können. Manchmal ahnen sie die Bilder auch nur, aber auch das genügt, um sie beschreiben zu können.

# Anhang

## Wichtige Fakten der Familiengeschichte

In diesem Buch spielen immer wieder Fakten der Familiengeschichte eine Rolle. Hier ein Überblick über eventuell bedeutsame Ereignisse

### Allgemein beruflich

- Welche Berufe wurden in den vorangegangenen Generationen gewählt?
- Erfolgte die Wahl freiwillig und gern oder durch die Umstände erzwungen?
- Gab es jemanden, der einen gleichen oder ähnlichen Beruf hatte?
- Was gab es an beruflichem Erfolg und Misserfolg?
- Kam es zum Verlust der materiellen Existenz?
- Ist jemand um sein Erbe betrogen worden?

### Persönlich

- Kam es zu Komplikationen während der Geburt?
- Wurde die Mutter durch die Geburt krank oder erlitt bleibende Schäden?
- Kam es in den ersten drei Lebensjahren zu einer längeren Trennung von der Mutter (z. B. Krankenhausaufenthalt)?

- ► Gab es unter den Geschwistern früh Verstorbene oder Totgeburten?

Schicksale in der Familie in den letzten drei Generationen
- ► Wurde jemand ausgestoßen oder vergessen? Z. B. aufgrund
  - • Behinderung
  - • nichtehelicher Geburt,
  - • Gefängnisaufenthalt
  - • Psychiatrieaufenthalt
  - • Homosexualität
  - • Selbstmord
- ► Gab es Adoptionen?
- ► War jemand als Soldat im Krieg? In Kriegsgefangenschaft?
- ► Gab es Flucht und Vertreibung?
- ► Hat sich jemand schwer schuldig gemacht, z. B. als Mörder oder Kriegsverbrecher?
- ► War jemand Opfer einer Straftat?
- ► Ist jemand aus- oder eingewandert?
- ► Gab es Eltern aus zwei Nationalitäten?

# Literaturverzeichnis

*Brigitte 7/2007: Was ist heute männlich?*

Credit Suisse: *Presseportal.* http://presseportal.de/story. htx?firmaid=55461

Csikszentmihalyi, Mihaly: *Das Flow-Erlebnis.* Klett-Cotta, Stuttgart 1987

Daimler R./Sparrer I./von Kibed M.: *Das unsichtbare Netz. Erfolg im Beruf durch systemisches Wissen. Aufstellungsgeschichten.* Kösel, München, 2. Aufl. 2007

Dammann, Gerhard: »Ich bin größer als du.« *Der Spiegel.* 38/2007

Dammann, Gerhard: *Narzissten, Egomanen, Psychopathen in der Führungsetage. Fallbeispiele und Lösungswege für ein wirksames Management.* Haupt, Bern 2007

Deida, David: *Enlightened Sex.* CD, Sounds True, Boulder USA 2004

Eidenschenk, Klaus: »Das narzisstisch infizierte Unternehmen. Zum problematischen Einfluss von Führungskräften mit narzisstischen Persönlichkeitsmerkmalen auf Organisationen.« *OrganisationsEntwicklung* 1/2003

Franke, Ursula: *Wenn ich die Augen schließe, kann ich dich sehen. Familien-Stellen in der Einzeltherapie und -beratung.* Carl-Auer-Systeme, Heidelberg 2002

Hansen, Hartwig: »Respekt in der Partnerschaft.« *Psychologie heute* 9/2008

Knight, Phil: »Nur die Paranoiden überleben.« *Der Spiegel* 5/1998

Henckel von Donnersmarck, Florian: »Jede gute Geschichte hat eine gewisse Unausweichlichkeit.« *Psychologie heute* 5/2007

Holmes, T./Rahe, R.: »The Social Readjustment Scale.« *Journal of Psychosomatic Research* 11: 213, 1967

Hoppe, Ralf: »Die Kinder von der Samenbank.« *Der Spiegel* 31/2002

Höppner, G.: *Heilt Demut – wo Schicksal wirkt? Eine Studie zu Effekten des Familien-Stellens nach Bert Hellinger.* Profil, München, Wien 2001

Gurowitz, Edward M.: »Ohne Worte.« *Manager magazin* 10/1998

Gurowitz, Edward M.: »Traut Euch Führer zu haben.« Unveröff. Dokumentation der Generative Leadership Group 1998

Loehr, James E.: *Tennis im Kopf. Der mentale Weg zum Erfolg*. BLV-Verlag, München 1991

Loehr, James E.: *Persönliche Bestform durch Mentaltraining für Sport, Beruf und Ausbildung*. BLV-Verlag, München 1988

Maslow, Abraham H.: *Motivation und Persönlichkeit*. Rowohlt, Reinbek bei Hamburg 2002

Mücke, Klaus: *Probleme sind Lösungen. Systemische Beratung und Psychotherapie – ein pragmatischer Ansatz*. Klaus Mücke Ökosysteme Verlag, Potsdam 2001

Nietzsche, Friedrich: *Zur Genealogie der Moral. Eine Streitschrift*. Reclam, Ditzingen 1988

Poole Heller, Diane: »Umgang mit Persönlichkeitsstörungen – Narzissmus.« Seminarausschreibung 10/2007, Zentrum für Innere Ökologie, Zürich

Rosselet, C./Senoner G./Lingg H.: *Management Constellations. Mit Systemaufstellungen Komplexität managen*. Klett-Cotta, Stuttgart 2007

Schmidt, Helmut: »Das ist Großmannssucht.« *Der Spiegel* 44/2007

Schmidt-Klingenberg, M.: »Unter Druck nach oben.« *Der Spiegel*, 28/2002

Sparrer, Insa: *Wunder, Lösung und System. Lösungsfokussierte Systemische Strukturaufstellungen für Therapie und Organisationsberatung*. Carl-Auer-Systeme, Heidelberg 2001

Sparrer I./von Kibed M.: *Ganz im Gegenteil. Tetralemmaarbeit und andere Grundformen systemischer Strukturaufstellungen – für Querdenker und solche, die es werden wollen*. Carl-Auer-Systeme, Heidelberg 2005

Stierlin, Helm: *Delegation und Familie. Beiträge zum Heidelberger familiendynamischen Konzept*. Suhrkamp, Frankfurt am Main 1978

Strobel, Ingrid: »Respekt, der von Herzen kommt.« *Psychologie heute* 9/2008

Ulsamer, Bertold: *Ohne Wurzeln keine Flügel. Die systemische Therapie von Bert Hellinger*. Goldmann, München 20. Aufl. 2007

Ulsamer, Bertold: *Spielregeln für Paare. Einsichten in Partnerschaftsdynamik mit dem Familien-Stellen nach Bert Hellinger*. Goldmann, München 2003

Ulsamer, Bertold: *Zum Helfen geboren? Antworten für hilflose Helfer aus dem Familien-Stellen*. Vier-Türme-Verlag, Münsterschwarzach 2004

Ulsamer, Bertold: *Die wichtigsten Irrtümer zum Familienstellen.* Herder, Freiburg im Breisgau 2007

Ulsamer, Bertold: *Alles ist machbar und 25 andere fatale Irrtümer im Business. Denkfallen unter die Lupe genommen.* Gabal, Offenbach 2008

Ustorf, Anne-Ev: »Drehbuchaufstellungen: Das Leben der Anderen.« *Psychologie heute*, 5/2007

Villeneuve, Jacques, Interview. *Der Spiegel* 22/1997

Weber, G., (Hg.): *Zweierlei Glück. Die systemische Psychotherapie Bert Hellingers.* Carl-Auer-Systeme, Heidelberg 1993

Weber, Gunthard/Gross, Brigitte: »Organisationsaufstellungen« in: Weber, Gunthard: *Praxis des Familien-Stellens. Beiträge zu Systemischen Lösungen nach Bert Hellinger.* Carl-Auer-Systeme, Heidelberg 1998

# Literaturempfehlungen

Wer mehr über Familienaufstellungen wissen will, dem empfehle ich meine Bücher:

Allgemeine Grundlagen: *Ohne Wurzeln keine Flügel.* Die systemische Therapie von Bert Hellinger, Goldmann

Für Paare: *Spielregeln für Paare. Einsichten in Partnerschaftsdynamik mit dem Familien-Stellen nach Bert Hellinger,* Goldmann

Für Eltern: *Spielregeln des Familienlebens. Ordnungen der Liebe zwischen Eltern und Kinder,* (zusammen mit Gabriele Ulsamer) Herder

Für Menschen in helfenden Berufen: *Zum Helfen geboren? Antworten für hilflose Helfer aus dem Familien-Stellen,* Vier-Türme-Verlag

Die umfassende Einführung in die Philosophie und Praxis Bert Hellingers finden Sie in:
Weber, Gunthard (Hg.), *Zweierlei Glück. Die systemische Psychotherapie Bert Hellingers,* Arkana

Zu Systemischen Strukturaufstellungen und zu Aufstellungen in Unternehmen:

Daimler R./Sparrer I./Varga von Kibed M., *Das unsichtbare Netz. Erfolg im Beruf durch systemisches Wissen. Aufstellungsgeschichten*, Kösel

Rosselet, C./Senoner G./Lingg H., *Management Constellations. Mit Systemaufstellungen Komplexität managen*. Klett-Cotta

Daimler R./Sparrer I./Varga von Kibed M., *Praxis der Systemischen Strukturaufstellungen*, Kösel

**Wer nach Aufstellern sucht,** findet sie auf der Homepage der Deutschen Gesellschaft für Systemaufstellungen: www.familienaufstellung.org

Über die aktuelle Arbeit von Bert Hellinger finden Sie Informationen unter www.hellinger.com

**Wenn Sie mich persönlich erreichen wollen**, hier meine Büroanschrift:

Dr. Bertold Ulsamer – Gresserstr. 24 – D-79102 Freiburg
– Tel. 0761-706418

Zu den Themen dieses Buches führe ich Fortbildungen für Coaches durch, die das Wissen um familiäre Hintergründe in ihre Arbeit integrieren wollen. Mehr dazu auf meiner Website:
**www.ulsamer-unternehmensberatung.de,**
e-mail: info@ulsamer-unternehmensberatung.de
Am sichersten auch – im Ausland – erreichen Sie mich mit unter
bertold.ulsamer@t-online.de